Francisco de Rojas Zorrilla

Lo que son las mujeres

Barcelona **2024**
Linkgua-ediciones.com

Créditos

Título original: Lo que son las mujeres.

© 2024, Red ediciones S.L.

e-mail: info@linkgua.com

Diseño de cubierta: Michel Mallard.

ISBN tapa dura: 978-84-9953-623-1.
ISBN rústica: 978-84-9816-229-5.
ISBN ebook: 978-84-9897-774-5.

Sumario

Brevísima presentación

La vida

Francisco de Rojas Zorrilla (Toledo, 1607-Madrid, 1648). España.

Hijo de un militar toledano de origen judío, nació el 4 de octubre de 1607. Estudió en Salamanca y luego se trasladó a Madrid, donde vivió el resto de su vida. Fue uno de los poetas más encumbrados de la corte de Felipe IV. Y en 1645 obtuvo, por intervención del rey, el hábito de Santiago.

Empezó a escribir en 1632, junto a Pérez Montalbán y Calderón de la Barca, la tragedia El monstruo de la fortuna. Más tarde colaboró también con Vélez de Guevara, Mira de Amescua y otros autores.

Felipe IV protegió a Rojas y pronto las comedias de éste fueron a palacio; su sátira contra sus colegas fue tan dura al parecer que alguno de los ofendidos o algún matón a sueldo le dio varias cuchilladas que casi lo matan. En 1640, y para el estreno de un nuevo teatro construido con todo lujo, compuso por encargo la comedia *Los bandos de Verona*. El monarca, satisfecho con el dramaturgo, se empeñó en concederle el hábito de Santiago: las primeras informaciones no probaron ni su hidalguía ni su limpieza de sangre, antes bien, la empañaron; pero una segunda investigación que tuvo por escribano a Quevedo, mereció el placer y fue confirmado en el hábito (1643). En 1644, desolado el monarca por la muerte de su esposa Isabel de Borbón y poco más tarde por la de su hijo, ordenó clausurar los teatros, que no se abrirían ya en vida de Rojas Zorrilla, muerto en Madrid el 23 de enero de 1648.

Personajes

Serafina
Rafaela
Don Roque
Gibaja, gracioso
Inesica
Don Pablo
Doña Matea
Don Marcos
Don Gonzalo
Esteban, criado
Jacobo, criado

Jornada primera

(Salen Serafina y Rafaela.)

Serafina   Llévenla luego a un convento,
no ha de estar en casa una hora.

Rafaela   Yo te confieso, Señora,
que es justo tu sentimiento;
pero aunque es doña Matea
con los hombres tan humana,
es, en efecto, tu hermana.

Serafina   ¿Enamoradita y fea?
¿Qué es esto?

Rafaela   Templanza ten.

Serafina   ¿No quieres tú que me asombre
si en la vida ha visto hombre,
que no le parezca bien?
el chico, por lo donoso;
el grande, por lo entallado;
el puerco, por descuidado;
el limpio, por cuidadoso;
porque guarda, el miserable;
por arrojado, al valiente;
al que habla, por elocuente;
al que calla, por loable:
al cobarde, por templado;
al hablador, por chistoso
al tibio, por vergonzoso;
por discreto, al mesurado;
al vano, por presunción;

por constante, al importuno;
Jamás ha visto hombre alguno
que no le cobre afición.
Pues en un convento vea
su humanidad reprimida.

Rafaela   Señora...

Serafina   No vi en mi vida
mas malas gracias de fea;
lindas partes de adorada
tiene mi tal hermanita;
segundita, pobrecita,
feita y enamorada;
en un convento, es notorio
que templará este deseo.

Rafaela   Señora, yo no la veo
con hambre de refitorio;
cásala con un garzón
casero, y lo mismo has hecho,
que tiene un marido estrecho
mil cosas de religión.

Serafina   No hay que replicarme en nada;
convento, quiera o no quiera.

Rafaela   Advierte...

Serafina   Echadme acá fuera
esa bienaventurada.

Rafaela   No te quiero replicar,
pero no se ha levantado.

(Llaman.)

Serafina   ¿Quién es?

Rafaela   Un hombre que ha dado
todo hoy en quererte hablar.

Serafina   No entre hombre a hablarme.

Rafaela   Yo creo
que te agrade si le ves.

Serafina   ¿Parécete a ti que es
sujeto de galanteo?

Rafaela   Cada pié de a media vara,
las piernas de a caña y media;
pues la cara lo remedia
que es semicapon de cara
el hombre desmadejado.

Serafina   Nadie hombre entero me nombre.

Rafaela   Señora no entre por hombre
entre por acaponado;
mira que ser tan cruel
con los hombres es error.

Serafina   Ahora estoy de buen humor,
entre por reírnos dél

(Sale Gibaja.)

Gibaja	El cielo guarde, Señora,
	ese traslado del mismo:
	ese espacio, donde atento
	con rasgos negros ha escrito,
	de que sois su hermosa copia,
	la perfección tan al vivo,
	que porque todos la atiendan
	a la margen poner quiso
	dos ojos, como quien dice,
	ojo a sus labios divinos,
	donde el sangriento coral
	le viene como nacido.
	También ojo a sus mejillas
	de nácar, no por advitrio
	de la beldad, que están rojas
	de vergüenza de haber visto
	vuestros dientes tan iguales,
	tan perfectos, tan unidos,
	que os están todos de perlas
	que viendo igualmente fino,
	ya el nácar, y ya el jazmín
	de dientes y labios limpios,
	cuanto corren a encenderse
	dicen lo que se han corrido.
	También ojo a las pestañas,
	que en blanco raso, aunque liso,
	al canto de sus dos cejas
	el párpado han guarnecido.
	Y ojo también a esos ojos
	que dan muerte. ¿Quién ha visto
	que aquello mismo que mata
	sea lo que dé el aviso?
Serafina	Al caso, por vida mía,

que tengo ya los oídos
cansados de estar oyendo
de jazmín mil desvaríos,
mil vergüenzas de coral,
de nácar dos mil delirios,
y de aljófares y perlas
mil sartas de desatinos.
¿Quién sois?

Gibaja   Señora, yo soy
hombre tan espantadizo,
que ando haciendo sacramentos
de cualquier cosa que estimo.

Serafina   No os entiendo.

Gibaja   Soy un hombre,
que por dar a mis amigos
un buen día con su noche
doy muy malas de continuo.

Rafaela   ¿Ese oficio es cosi-cosa?

Serafina   Explicaos ya.

Gibaja   Ya me explico.
Yo soy...

Serafina   ¿Qué?

Gibaja   Casamentero.

Serafina   Alcahuete a lo divino,
¿qué queréis en esta casa?

Gibaja	Casaros, porque me han dicho que tenéis sobre lo hermoso, sobre lo airoso y lo lindo, cuatro mil y más de renta.
Rafaela	Sin joyas, sin ajuar rico, sin más de tres mil ducados de deudas.
Gibaja	Pues yo os afirmo, que está en manos el pandero que los hará veinte y cinco.
Serafina	¿Y cómo os llamáis?
Gibaja	Gibaja.
Serafina (Aparte.)	Silla a Gibaja. (Imagino con el tal casamentero divertirme un rato.)

(Siéntanse.)

Gibaja	Digo, que podéis dar cuatro echadas de blancura al mismo armiño. ¿A qué novio os he de dar? aquí tengo treinta escritos que los he escogido a moco, de candil.
Serafina	No escogéis limpio; ¿y este oficio es provechoso?

14

Gibaja	Este año no se ha corrido.
Serafina	¿Cásanse agora mujeres?
Gibaja	Algunos casamientillos hay de viudas.
Rafaela	¿De doncellas no hay también?
Gibaja	Halos habido; pero hay pocos, como hay pocas.
Serafina	¿Casáis muchos?
Gibaja	De continuo.
Serafina	¿Y cómo los engañáis?
Gibaja	Casándolos.
Serafina	Yo no os digo sino ¿cómo los casáis?
Gibaja	Fácilmente.
Serafina	¿Cómo?
Gibaja	Oildo.
Serafina	¿Mentiréis?
Gibaja	No os caso agora.

Serafina	Pues proseguid.

Gibaja
                            Ya prosigo:
primeramente, yo tengo
una memoria en que escribo
cuantos en San Sebastián
son de fiesta y de domingo;
los de la comedia nueva;
los que sin pleito ni oficio
en el patio de palacio
suelen estar de continuo;
los del Prado, los de Atocha
y a cada cual en mi libro
para entenderme con ellos
les pongo por seña un signo.
Al que es valiente, a la margen
del mismo nombre te pinto
el signo León; y si es
cobarde el Piscis le pinto;
si es sufrido, el signo Tauro;
y el de Aries, si es muy sufrido;
si es de mala condición,
el Escorpión; si es bien quisto,
el Géminis; y al que no es
para hombre, el signo Virgo
si está buboso le pongo
el Cáncer; y si es muy rico
y ha venido de las Indias,
el Acuario; mas si es hijo
de algún tendero o tratante
el signo Libra le aplico;
si es muy feo o contrahecho,
el Sagitario; y si ha sido

casado con dama hermosa,
y fue pobre, pongo el signo
capricornio, que lo es
de pobres, aunque maridos.
Éntrome en cualquiera casa
de soltero, y en mi estilo
de casar propongo luego
novias como Dios las hizo.
Si es medianamente hermosa,
hermosa la significo;
de manera, que no puede
pensarse de hito en hito
que su hermosura es el dote,
y que en Madrid he sabido
que adorarla por su Sol
hallára mil novios indios.
Si es pobre, que es hijodalga,
y luego cuento que he visto
su ejecutoria con tanta
letra de oro en pergamino.
Si es rica, y no es bien nacida,
le doy con el refrancillo:
«Dineros son calidad»;
y le digo: Señor mío,
sepa usted, que don tener
es caballero castizo.
Si es muy fea, y hallo luego
mi novio un poco remiso,
digo que la mujer propia
ha de picar un poquito
en fea, que desa suerte
anda un hombre con descuido.
Si el novio dice que es gorda
de ahogar, luego le digo:

¿Ha de hacer randas con ella
que la quiere de palillos?
si le propongo una flaca
y la desecha, le riño,
que una mujer por arrobas
debe encerrar para siglos.
Si es larga, le digo luego,
muñecas para los niños;
si es chica, de la mujer
lo menos es lo más lindo.
Si la novia es algo puerca,
que el matrimonio hace limpio,
que es agua de calabobos
que la coge sobre aviso;
si entra algún señor a verla
que entra a parlar un ratillo
en buena conversación,
aunque otra cosa hayan dicho,
que es un santo el buen señor
y el mal pueblo es un maldito
y, en fin, dejando a mi novio
puesto este mal durativo,
a mentir más a la novia
que elige voy, llamo y digo:
—Ea, Señora, su remedio.
¡Oh, gracias a Dios, que quiso
que haya hallado para uced
un novio como nacido!
¡Ah qué hombre, señora mía!
quien es digo; y de camino,
misterios y más misterios
hago cuando al hombre intimo;
porque como el matrimonio
es Sacramento, es preciso

que tenga dentro de sí
mil misterios escondidos.
Si no agrada el que propongo
a su elección y a mi arbitrio,
como esto es para la mano,
le voy dando novios ripios.
Al que me culpan de viejo,
aseguro que le elijo
porque es hombre ya de hecho,
y las novias, por lo mismo
le desechan, que no quieren
novio de hecho; porque han visto
que el novio de hacer, es solo
bueno para ser marido.
Si traigo un mozo galán
y le culpan por mocito,
les digo que el matrimonio
hace viejos infinitos;
si de jugador le culpan
que está cansado la afirmo
de ser perdido y de andar
ya de garito en garito,
y desea una señora
que traiga algún caudalillo
para poder con descanso
quitarse, deste mal vicio.
Si en alguna desdichada
dicen que tiene algún hijo
que llaman, en buena guerra,
con gran llaneza replico:
ansí será para hombre
y si es corcovado, digo
que se cargó de razón
riñendo en un desafío,

y se le ha quedado toda
seis dedos del cerviguillo.
Si es feo, que así han de ser
los hombres; si es atadito
la digo, que así podrá
hacer dél cera y, pabílo;
si es valiente arrufianado,
crudo y terneron, la digo:
la casa siempre ha de oler
a hombre, cuerpo de Cristo.
Si no tiene pantorrillas,
y muy preciado de lindo
trae dos verdades por piernas,
que están mal hechas, replico:
no tiene razón, que entrambas
están cortadas al hilo.
Y, en fin, haciendo a los dos,
a ella rica y a él más rico,
contando gracias de entrambos
y diciendo a un tiempo mismo
a ella que él muere por ella,
aunque nunca la haya visto,
y a él que esto está de Dios,
Juez de los dos, sin delito
les pongo a cuestión de novios
y al instante que se han visto,
a dos vueltas que les doy
confiesan el sí, y yo pido
Joya que luego la vendo,
tela que la hago vestido
y ya dejando a los dos
sacramentados, me guiño
muy soltero, y ellos quedan
casados y arrepentidos.

Serafina	Amigo, reñiros quiero que hagáis esta narración, que implican contradicción verdad y casamentero.
Rafaela	Serafina, aunque te admira que le hable con claridad, a vueltas de la verdad se introduce la mentira. ¿No echas de ver que esta es treta del juego, Señora? dícete verdad agora para mentirte después.
Serafina	Dices bien; mas como sé que mentirme solo quieres cuando la verdad dijeres tampoco la creeré,
Gibaja	Casarte sin trampa intento, y hemos de ir otros los dos.
Serafina	Mi abuelo (que tenga Dios) dejó por su testamento un mayorazgo fundado, que heredó con mejor suerte mi padre, y yo, por su muerte, como mayor le heredado; que no se reparta y venda entre otras hijas mandó, y no puedo serlo yo por no ser libre mi hacienda, y la he de dejar perder

por no casarme.

Gibaja
                              Eso es dar
solo en quererse casar.

Rafaela   ¿Con quién?

Gibaja
                          Con su parecer.
¿Tú no has de casarte?

Serafina   Sí.

Gibaja   ¿Hombre ha de ser?

Rafaela   No le nombre.

Serafina   ¿Adónde hallaré yo un hombre
que parezca ansí, ansí?
no hallo uno que bueno sea;
todos me parecen mal;
¡Oh fuego en todos!

Rafaela   Igual
los quiere doña Matea,
tu hermana.

Serafina   Los viles modos
de sus traiciones ignora.

Gibaja   Pues dime, ¿qué hace, Señora?

Rafaela   No hace más de que hace a todos.

Gibaja   Para que contenta estés,

	te daré muy afamado
	un excelente letrado.
Serafina	¿Muy espeso?
Gibaja	Un sí es no es.
Serafina	A poca paz me convida
	si con él me he de casar
	hombre con quien he de andar
	en pleitos toda la vida.
Gibaja	Un peinado me promete
	mil doblas si le queréis.
Serafina	Gibaja, no le toquéis,
	que se le ajará el copete.
Gibaja	Que no he de hallar, averiguo,
	novio que haga la razón.
Serafina	¡No topara yo un hombrón
	de aquellos del tiempo antiguo!
	un hombrón extraordinario.
Gibaja	¿De qué manera me has dicho?
Serafina	Quiero un hombre de capricho
	y no del uso ordinario.
Gibaja	Aquel de Toledo es
	bueno; pero con la edad
	tiene cierta enfermedad.
	¡Ah! ¿queréis un montañés,

que es excelente figura?
¿queréis otro, aunque algo viejo,
natural de Jaraizejo,
un lugar de Extremadura?
el regidor de la Mora
es mejor, si rico fuera;
ansí, a aquel de Talavera
le tengo de hablar ahora,
que es el modo y traza toda
a vuestro capricho igual;
hombres son, que cada cual
os viene a pedir de boda,
y por si alguno os agrada
haré que a servir empiecen.

Serafina   Todos cuatro me parecen
sujetos de carcajada
traeldos.

Gibaja   Por ellos iré.
Pero decidme, Señora,
¿para atraerlos agora
a esta casa, qué diré?

Serafina   Que es para tomar estado;
mas la risa se asegura,
de ver entrar un figura
de novio muy espetado
que a todo se contradice
cuanto me quiere fingir,
intentando no decir
los disparates que dice
que va de sí muy pagado
cuando en la calle se ve,

solo de que le miré
tres veces de medio lado.
Vengan, que a tiempo oportuno
vendrán si vienen ahora.

Gibaja ¿Cómo los traeré, Señora?

Serafina Todos juntos, y uno a uno.

Gibaja Antes que esta ocasión pase,
¿Cómo dárseme no intenta
una alhaja a buena cuenta?

Serafina Gibaja, cuando me case.

Gibaja Advertid, que dar no es
dar promesas semejantes:
la que no florece antes
nunca da fruto después;
mas si un novio os persuade,
que os he de vencer espero.

Serafina Daros cien doblones quiero
por un hombre que me agrade.

Rafaela Como esa promesa lleve
no pienso que irá contento.

Gibaja ¿No tomaré por los ciento?...

Rafaela ¿Cuánto?

Gibaja Los noventa y nueve.

Serafina	Yo soy firme.
Gibaja	Como todas; y eso el tiempo lo dirá.
Serafina	Idos, que me cansáis ya, perrito de todas bodas.
Gibaja	Por esos desaires paso, Serafina; mas por Dios que me he de vengar de vos.
Serafina	¿De qué manera?
Gibaja	Si os caso.

(Vase.)

Serafina	Aunque como Adonis sea, ninguno me satisface. Doña Matea ¿qué hace?

(Sale doña Matea.)

Doña Matea	Aquí está doña Matea.
Serafina	¿Era horade levantarte, señora hermana?
Doña Matea	¿Ya empieza vuesa merced a reñirme?
Serafina	Son ya las diez.

Doña Matea	Cuando sean; ¿También corno los vestidos me cuenta las horas?
Serafina	Tenga la muy... mucha cortesía.
Doña Matea	¿La qué?
Serafina	La muy escudera.
Doña Matea	En nada soy yo segunda como en lo roto.
Serafina	¿Que quiera una nacida después hablar como una primera? yo os entraré en un convento.
Doña Matea	¿Qué religión más estrecha que su casa?
Serafina	Y religión, en que vos sois una lega.
Doña Matea	Vuesarced es la entendida.
Serafina	Y vos lo parecéis.
Doña Matea	Esa fue una palabra mayor dicha en mi cara.
Serafina	Y que sea;

¿Que?

Doña Matea   Que no es vuesarced
              tan hermosa como piensa:
              si no fuera un poco vana,
              ¿Qué valía?

Serafina   ¿Que se atreva
              a manchar esta blancura?

Doña Matea   Es verdad, ¿quien se lo niega?
              pero advierta que las blancas
              se usan, porque son monedas.

Serafina   ¿Pero cuándo se ha de usar
              lo feo?

Doña Matea   ¿Uced no pondera
              que no tengo gracia?

Serafina   Sí.

Doña Matea   ¿Pues cómo puedo ser fea?

Serafina   Como ninguno la quiere,
              aunque de todos se prenda.

Doña Matea   Por ahí también soy hermosa,
              por desdichada en finezas.

Serafina   ¡Ay, que quiere ser también,
              como una persona mesma
              Infeliz!

Doña Matea	¿Si ella es mi hermana, no quiere que infeliz sea?
Serafina	La de todos, no responda.
Doña Matea	La de nadie, déjeme ella.
Serafina	¿Todos los hombres no dice que le agradan?
Doña Matea	¿Quién lo niega? cada uno por algo es bueno; yo los quiero desde afuera por inclinación, y hasta ahora no ha habido quien me merezca.
Serafina	Esa es gran falta.
Doña Matea	Señora, ¿No hay algunas que se afeitan? ¿Otras no hay que hablan fruncido? ¿Otras no hacen reverencias de saltillo? ¿No hay algunas que hablan culto? ¿No hay doncellas que la noche de San Juan escuchan lo que es vergüenza? ¿Hago yo estas candideces? ¿Incurro yo en falta dellas? querer a hombres es falta de mujeres. Que yo tenga, adonde hay otras con tantas, una, es algo llevadera. Ser inclinada a los hombres ni es liviandad ni flaqueza;

este es un buen natural,
y aunque algunos riesgos tenga
de pesarle a una mujer
que no la estimen ni quieran,
aunque pesa el desdén tanto,
vale el amor lo que pesa.

Serafina   ¿Negarásme que los hombres
son traidores?

Doña Matea   Que lo sean,
que no han de ser mis vasallos.

Serafina   ¿Que son falsos?

Doña Matea   Malos fueran,
si a los hombres que estimara
los quisiera por moneda.

Serafina   ¿Y que no tienen palabra?

Doña Matea   ¡Ay, hermana, así tuvieran
las obras!

Serafina   ¿Podrás negarme,
hermana, que en cuánto intentan
son todos los hombres dobles?

Doña Matea   Ansí durarán por peñas.

Serafina   ¿Negarásme...

Doña Matea   ¿Negarásme
que nos buscan, nos requiebran,

que se arriesgan al desaire
y que a la muerte se arriesgan?
¿Por algún hombre habrá muerto
mujer alguna en pendencias?
¿Cuántos por ellas murieron?
sus honras, vidas y haciendas,
todas son de las mujeres.

Serafina   Y todas son de cualquiera.

Doña Matea   Yo los quiero por la parte
que me toca, que obedezca
mi planeta me permite;
benévolo es el planeta
que a los hombres me ha inclinado;
benévola fue la estrella
cuyos influjos en mí
me fuerzan.

Serafina   Callad, Matea,
que un convento ha de quitaros
toda esa benevolencia.

Doña Matea   Yo me he de casar, Señora.

Serafina   ¿Con qué dote? ¿Habrá quién quiera
la nobleza por ajuar?
¿Pensáis con vuestra belleza
casaros? ¿O es que esperáis
la ventura de...

Doña Matea   La fea
es solo la presumida,
la hermosa es la que no piensa.

Serafina	Hola, llevadme esta hermana al segundo estrado.
Doña Matea	Hoy fuera tan hermosa como tú.
Serafina	¿Cómo?
Doña Matea	Si fuera primera.

(Vanse.)

(Salen Gibaja y Rafaela.)

Gibaja	¿No puedo ahora entrar?
Rafaela	Espera, y a mi ama avisaré; Gibaja, ¿qué la diré?
Gibaja	Dila que salga acá fuera.
Rafaela	Famosa tarde ha de ser. ¿Los novios?
Gibaja	Tú los verás.
Rafaela	¿Cuántos son?
Gibaja	No traigo más de cuatro para escoger.
Rafaela	¿Cuatro? pues voy a decillo.

Gibaja	Dila tú que estoy aquí.
Rafaela	¿Ansí no habrá para mí un novio del baratillo?
Gibaja	¿Eres algo honesta?
Rafaela	Poco.
Gibaja	¿Eres hacendosa?
Rafaela	¿Yo?
Gibaja	¿Eres bien nacida?
Rafaela	No.
Gibaja	¿Tienes dinero?
Rafaela	Tampoco.
Gibaja	¿Limpia?
Rafaela	Con solo un vestido.
Gibaja	¿Doncella podré decir?
Rafaela	Ya eso es mucho pedir.
Gibaja	No te faltará marido.
Rafaela	Di, ¿cómo?

Gibaja	De buena masa. ¿Quieres más?
Rafaela	Si puede ser, que tenga mucho que hacer, y todo fuera de casa.
Gibaja	Rafaela, como ahora anda la malicia lista, todos son novios de vista.

(Salen doña Matea y Serafina.)

Serafina	¿Es Gibaja?
Rafaela	Sí, Señora.
Doña Matea	Ver estos novios espero.
Serafina	¿Viene esa cuadrilla toda de novios?
Gibaja	Como a una boda.
Serafina	Pues entren.
Gibaja	Oye primero. El que a visitarte agora entra, el primer pretensor sabe que es un regidor de la ciudad de Zamora, que en el semblante y el modo extraño de su opinión le verás la condición.

Serafina	¿Qué hace?
Gibaja	Se pudre de todo.
Serafina	Será muy entretenido. Verle y hablarle quisiera.
Gibaja	En esa antesala espera.
Serafina	Venga ese tonto podrido.
Gibaja	Lo podrido en el color de la cara se le ve.
Serafina	Llámale, acaba.
Gibaja	Si haré. ¡Señor don Marcos!

(Sale don Marcos.)

Don Marcos	¡Señor!
Rafaela	¡Jesús, qué hombre!
Gibaja	La gran doña serafina es la que veis.
Don Marcos	¿Y es bien en hecho que se llame una entendida mujer serafina? Busque nombre que en la Letanía esté, confirmese Serafina,

que yo no iré de hablar ni ver
a quien por el nombre extraño
la conozcan en Argel.

Serafina   Confirmaréme por vos.

Don Marcos   Eso sí, confirmesé.

Serafina   Una silla al seor don Marcos.

(Van a llegarle la silla.)

Don Marcos   Esperad, no la lleguéis.

Serafina   Pues ¿por qué no queréis silla?

Don Marcos   Linda pregunta: porque
                    primero que me la arrastren,
                    y primero que os ponéis
                    en el estrado, y primero
                    que estarnos ¿cuál ha de ser
                    el que antes ha de sentarse?
                    primero que os componéis
                    las faldas, y yo me aplano,
                    pongo la espada al revés,
                    podrá otro hacer, muy cumplidas.
                    Cuatro visitas o seis.
                    Úsese, cuerpo de Cristo,
                    cuando no sea menester,
                    que el que no quiere sentado
                    haga su visita en pie.

Serafina   No os sentéis.

Don Marcos	Ansí lo hago.

Serafina	¿Cómo estáis?

Don Marcos	Otra vejez.

Que vean a uno sano y bueno
y gordo, y aunque le ven
colorado, le pregunten:
—¿Cómo está vuesa merced?
y que te pregunte el otro:
—¿Y usted cómo está? después
hasta preguntarse luego
por sus hijos y mujer.
Majadero, no preguntes
lo que no quieres saber,
que si es cortesano uso,
es prolijidad cortés.

Serafina	No os he topado la nuca

de la lisonja.

Don Marcos	Tal vez

hallo alguna que me agrade.

Serafina	¿No soy vuestra?

Don Marcos	No podéis;

yo soy claro, perdonad.

Serafina	Pues ¿no me diréis por qué?

¿Qué os desagrada de mí?

Don Marcos	Toda vos.

Serafina	Grosero es.
Don Marcos	Señora mía, no quiero
	yo para propia mujer
	una mujer muy hermosa;
	porque siempre pensaré
	que aunque ella mirar no quiera
	habrá quien la quiera ver.
	El matrimonio se toma
	para el descanso, no es
	para cuidado; yo quiero
	traer para mi traer
	mujer de casa, ni fea
	de manera que yo esté
	solicitando vecinas,
	ni hermosa tanto, que den
	en mirarla mis vecinos;
	porque mi propia ha de ser
	para el gusto algo que fea,
	también hermosa algo qué,
	que yo solamente busco
	mujer para mi mujer.
Serafina	¿Luego yo soy muy hermosa?
Don Marcos	Ya os entiendo; agora queréis
	que os alabe, y yo no alabo
	lo que yo no he menester.
	Guardeos el cielo.

(Vase.)

Serafina	Esperad.
	¡Ha, don Marcos!

Gibaja	Ya se fue.
Doña Matea	Este hombre me viene a mí cortado.
Rafaela	Pruébatele.
Serafina	¿Hay tal modo de pudrirse?
Rafaela	No vi tal.
Serafina	Pudriérame con solo oírle: los hombres muy joviales han de ser, y han de ser poco podridos.
Gibaja	Oyes, pues yo te traeré un contrario dese.
Serafina	¿Cómo?
Gibaja	En el zaguán le dejé de aquella casa: es un hombre que de cuanto escucha y ve se le da otro tanto, como a ti se te ha de dar dél: ni de la hambre se aflige, ni le fatiga la sed, y es para él todo uno, el tener y no tener. No agradece a la fortuna lo que le sucede bien, pero ni della tampoco

	se queja aunque no le dé.
Serafina	Será un Demócrito éste, si fue un Heráclito aquél. Llámele.
Gibaja	Por la ventana una seña le he de hacer. Ya sube.
Serafina	¿Es el extremeño aqueste hombre?
Gibaja	El mismo es.
Serafina	¿De dónde es?
Gibaja	De Jaraicejo.
Rafaela	¿Hidalgo?
Gibaja	¿No lo ha de ser?
Serafina	¿Puntual?
Gibaja	Es extremeño.
Rafaela	¿Y no es chorizo?
Gibaja	También.
Serafina	¿No sube?
Gibaja	Ya entra en la sala.

¿Don Roque?

(Sale don Roque.)

Don Roque   ¿Quién ha de ser?

Serafina   Silla a don Roque.

(Vanle a llegar silla.)

Don Roque   Sentado
hablará un hombre a placer.

Serafina   Pero no lleguen la silla.

Don Roque   Muy bien dice; ¿para qué?
sentado habla un hombre más
de aquello que es menester.
Vuestra merced, ¿cómo está?

Serafina (Aparte.)   (Este es algo más cortés.)
estoy a vuestro servicio,
con poca salud; y usted,
¿Cómo se halla?

Don Roque   Yo estoy
como quisiereis que esté.
Mi Señora, el buen Gibaja
dice que me quiere bien,
y a vuestra casa me trae
a ver qué me parecéis.
Hermosa sois, vive Dios,
y en el alma estimaré
que me deis luego la mano,

si ha de ser mía después.
Yo he querido en este mundo,
yo he sabido amar, y sé
que es andar galanteando
andar por el A, B, C.
Contento estaré de amaros,
y de que luego me améis,
mi Serafina, pagado,
sobre contento, estaré,
con que a un tiempo dos finezas
Juntas podré agradecer:
que me deis la vida presto,
y que también me la deis.

Serafina   Poco habláis, y compendioso
en lo que habláis; pero ¿quién
puede conseguir el premio,
sin costarle el merecer?
el servir y esperar cría
el mérito: ¿vos no veis
que no merece mi amor
quién no probó mi desdén?
eso es juzgarme posible,
señor don Roque; idos, pues,
que no quiero yo por dueño
a quien...

Don Roque   Al punto me iré.
¿Hase un hombre de morir
porque vos no le queréis?
aun tanto como premiarme
os debiera agradecer.

Serafina   Finezas, no.

Don Roque   ¿Y no es fineza?...

Serafina   ¿Qué?

Don Roque   Que me desengañéis.

Serafina   Solo el que espera merece.

Don Roque   Pues digo que esperaré,
                      como yo os merezca luego.

Serafina   ¿Cuánto?

Don Roque   Un hora, dos y tres.

Serafina   No hay quien me merezca a mí.
                      ¿No os vais ya?

Don Roque   razón tenéis
                      ¿He de andar queriendo yo
                      a quien no me quiere bien?

(Hace que se va.)

Serafina   Sois un grosero.

Don Roque   Es verdad.

Serafina   Sois un prolijo.

Don Roque   También.

Serafina (Aparte.)   (¡Que se vaya, y no lo sienta!)

¿No os vais? Oíd.

Don Roque	No me iré.
Serafina	¿Yo soy hermosa?
Don Roque	Sí sois.
Serafina	¿Y os parezco bien?
Don Roque	Muy bien.
Serafina	¿Y me querréis si os premiare?
Don Roque	Como a mi vida os querré.
Serafina	¿Seréis constante?
Don Roque	Sí soy.
Serafina	Pues agora que yo sé que me queréis, idos luego.
Don Roque	Haceisme mucha merced.
(Vase.)	
Serafina	No vi hombre tan desahogado.
Gibaja	Es como yo le pinté.
Doña Matea	La pachorra deste hombre para mi vale, pardiez.

44

Serafina	¡Jesús, que malos dos hombres
Gibaja	Si al tercero quieres ver espérate.
Serafina	¿Y es de dónde?
Gibaja	Natural de Cangas es, un lugar de la montaña y hijodalgo, como el Rey, del hábito de Santiago.
Serafina	¿Es galán?
Gibaja	No, pero aún bien que es viejo.
Serafina	¿Y es entendido?
Gibaja	Échalo todo a perder con saber latín.
Serafina	¿Qué hace?
Gibaja	Cuando te entre agora a ver, la mitad de lo que diga no lo entenderás.
Serafina	¿Por qué?
Gibaja	Estudió Filosofía, y Teología también ha estudiado en Salamanca, y sin que sepa por qué,

	hará en latín y romance
	una mezcla a dos por tres:
	y cuando está muy en ello,
	trae, sin qué ni para qué,
	un lugar de la Escritura,
	que venga o no venga bien.

Serafina
Tonto sin saber latín
nunca es gran tonto.

Gibaja
                                        Está bien.

Serafina
Llámale.

Gibaja
                    ¿Verle deseas?

Serafina
Para reír le quiero ver.

Gibaja
¿Seor don Pablo?

(Sale don Pablo.)

Don Pablo
                                        Ecce quem amas.

Serafina
¡Raro hombre!

Rafaela
                            Un prodigio es.

Don Pablo
Aunque en esa cuadra ha un hora
que ha esperado mi deseo
que vuestros justos desdenes
diesen castigo a mi ruego,
los doy por bien empleados
pues tan grande fue el acierto,

que sola vuestra hermosura
es más que fue mi deseo.
Agradezco, hermosa dama,
la dilación, y agradezco
que salgáis tan desdeñosa,
cuésteme siquiera el veros
el deseo de esperaros;
ni el pastor, ni el marinero
agradecen que el Sol salga
solo porque ven que presto
ha de salir a alumbrar
tierra mar y aire sereno,
que ellos le estimaran más
como el Sol saliera menos.

Rafaela   Mientes, Gibaja, que este hombre
            es muy prudente y discreto.

Gibaja   Vese ahora la labor,
            lo fondo es en majadero.

Don Pablo   Miedo tengo a vuestros ojos,
            y estimo lo que los temo,
            porque ansí espero alcanzar
            ser de vuestros ojos dueño.

Serafina   Niego que con el temor
            pueda alcanzarlo, supuesto
            que no puede el temeroso
            declarar sus sentimientos.

Don Pablo   Cuando se da la triaca
            para que sane el enfermo,
            porque obre eficaz, disponen

que lleve el tósigo dentro,
y es que se ya al corazón
el tósigo, y aunque es cierto
que él destruye, porque lleva
a la triaca a hacer su efecto,
a la parte donde va
da la vida, y ansí hay tiempo
que para la vida suele
ser medicina el veneno
asentada esta experiencia
agora escucha el ejemplo.
El tósigo es el amor
que mata al merecimiento,
mas como lleva consigo
la triaca del respeto,
la atención, la desconfianza
que son del mérito efectos,
Él no inficiona, ellos obran,
Él cesa, y merecen ellos.
Que aunque traía el temor
de aquel tósigo, en él mesmo
estaba por ingrediente
el mismo contraveneno.
Pues si del temor suceden
atenciones y respetos,
luego es solo aquel que teme
quien tiene merecimiento.

Serafina	Bien habla.
Gibaja	Para la postre debe de dejar lo bueno.
Doña Matea	Mucho sabe para ser

de capa y espada.

Serafina   Cierto
que es lástima, y que ese talle,
esa ciencia, ese despejo,
con tal sangre hayan estado
tantos años sin empleo.
¿De dónde sois?

Don Pablo   Soy de Cangas.

Rafaela   ¿Qué hacienda?

Don Pablo   Poca, por cierto;
pero soy muy bien nacido
por el hábito que tengo.

Serafina   ¿Por el hábito se sabe?

Don Pablo   ¿Quis est ista?

Gibaja   Volaverunt.

Serafina   Es mi hermana.

Don Pablo   ¿Y es doncella

Serafina   Y lo será.

Don Pablo   Más es eso;
luego conocí que era
vuestra hermana.

Serafina   ¿En qué?

Don Pablo	Eso es bueno, en que se parece a vos.
Serafina	¿Sois corto de vista?
Don Pablo	Nego.
Serafina	Miradme bien.
Don Pablo	Se os parece.
Serafina	Sois un grande majadero.
Don Pablo	Domina, nescio quid dicis.
Serafina	Mejor decís, sois un necio; ¿Por qué habéis de comparar conmigo, siendo yo objeto de vuestro amor, otra luz?
Don Pablo	Verbi gratia.
Serafina	Ya no quiero oír ejemplo ninguno.
Gibaja	Oyele.
Serafina	Decidle presto.
Don Pablo	¿La Luna no se parece al Sol? ¿El Sol no es más bello que la Luna? ¿Pues qué importa que ella le imite, supuesto

que ha de arder con luces tibias
cuando él con rayos serenos?
matea, ergo quid interest,
ut sit tuæ lucis exemplum,
si sunt tua radia solis
et sunt lunæ radia ejus?
doña Matea, ¿qué importa
que sea de tu luz ejemplo,
si son sus rayos de Luna
y son los del Sol los vuestros?

Serafina   ¿Y qué dirán las estrellas
de Madrid, de que consiento
que sea Luna?

Doña Matea   ¿No me basta
la infelicidad que tengo
de ser ejemplo de Luna,
sino que aún no lo merezco?

Serafina   Por ser Luna llena, solo
queréis ser Luna.

Doña Matea   Yo apruebo
serlo, siquiera en menguante.

Don Pablo   Bene dixit.

Serafina   Yo padezco
con esta hermana segunda
lo que no es posible, y pienso
poner orden.

Doña Matea   Orden no;

matrimonio es lo que quiero.

Serafina   No lo esperéis.

Don Pablo   De san Pablo
viene aquí un lugar a pelo.

Serafina   Échame de aquí, Gibaja,
este hombre.

Gibaja   Oye primero
el lugar que es de san Pablo.

Don Pablo   Y en la Epístola ad ephesios.

Serafina   Adefesios lo habláis todo;
Idos de aquí.

Don Pablo   Iam obedior.
¿Un lugar de la obediencia
no me oiréis?

Serafina   ¡Viven los cielos!
si no os vais...

Don Pablo   Airala est.

Serafina   Que os dé muerte.

Don Pablo   Timeo et co.
¿Me querréis?

Serafina   Si me dejáis.

Don Pablo	¿Y cuándo volveré a veros?
Serafina	En estudiando romance.
Don Pablo	Mirad...
Serafina	Ni escucharos quiero.
Don Pablo	¿Quare, cur, quoniam vel quia?
Serafina	¿Qué hombre es este, santo cielo? Idos, don Pablo, por Dios.
Don Pablo	Voime, pues.
Serafina	Presto.
Don Pablo	Laus Deo.

(Vase.)

Serafina	Mareada quedo, Gibaja.
Gibaja	Yo te pondré en tierra presto.
Doña Matea	¡Lo que este hombre enseñaría a su mujer!
Serafina	Muerta quedo. ¿Es el que queda como éste?
Gibaja	Antes es destotro extremo, que ni sabe hablar latín ni romance.

Rafaela	¿Qué sujeto es él?
Gibaja	Oye, por tu vida, la pintura.
Serafina	Dila.
Gibaja	Empiezo:

el que en ese patio espera
a visitarte el postrero,
sabe que es un caballero
natural de Talavera,
principal y de buen pelo,
abultado de persona,
y trae lenguaje y valona
dos o tres dedos del suelo.
El talle un poco grosero,
cintura de tomo y lomo;
lo que es el zapato, romo,
pero aguileño el sombrero.
Trae daga larga después,
muy puesta a lo de Sevilla,
cortos brahon y ropilla
y el ferreruelo a los pies.
Postura de hacer desdenes,
crudeza de dar enojos,
el bigote hasta los ojos,
y la oreja hasta las sienes.
Asustado de color,
crudo un lado, otro cocido;
esto es cuanto a lo vestido,
mas lo pariado es peor.

Serafina	¿Cómo habla?
Gibaja	Por varios modos te hablará si le escuchares, con estribillos vulgares dél solo, con ser de todos.
Serafina	¿Son refranes?
Gibaja	No lo son, estribillos son no más.
Serafina	Di cómo.
Gibaja	¿No le oirás? el talle y conversación te ha de dar gran gusto.
Rafaela	Y di, ¿Son las que habla necedades?
Gibaja	Son unas vulgaridades destas que hablan por ahí; y si el estilo te agrada, el sujeto no es muy malo.
Serafina	entre.
Gibaja	Ha, señor don Gonzalo!

(Sale don Gonzalo, vestido como se pinta.)

Don Gonzalo	Como quien no dice nada.

(Mírala.) ¡Oiga el diablo!

Rafaela   ¡Gran figura!

(Vase.)

Don Gonzalo   Mi Señora, por Dios santo,
                   que sois esto y otro tanto
                   más que ninguna hermosura;
                   matante de las del ampa
                   sois con vuestro rostro bello;
                   pues vuestra blancura, es ello,
                   pues vuestro talle ¡ya escampa!
                   señora (vaya conmigo)
                   a fe, a fe, que por lo airosa
                   sois para mí mucha cosa;
                   pues ¡qué ojos!... no sé si digo;
                   la frente, por lo serena,
                   no la puede hacer cerrada;
                   ¿Pues la boquilla? no es nada;
                   ¿Pues la nariz? la ha hecho buena;
                   las manos, como cristiano,
                   que si igualar las quisiera,
                   han de ganar a cualquiera
                   por diez dedos y las manos;
                   es para volverse loco
                   si un hombre a veros comienza:
                   la honestidad, es vergüenza;
                   ¿Será malo el pié? ¡y qué poco!
                   el cabello, lo primero,
                   cosa de admirarlo grave;
                   pero lo que no se sabe
                   cuál será, ansí me lo quiero

Doña Matea	Discreto es; en todo toca.
Serafina	¡Los desaliños que entabla!
Don Gonzalo	¡Oigan! Vive Dios, que el habla la tiene a pedir de boca.
Serafina (Aparte.)	En su genio, he de intentar despedirle.
Don Gonzalo	Hablad, por Dios.
Serafina	Señor don Gonzalo, vos habláis, que no hay más que hablar; genio tal, y de tal casta, ¿Ahí se topará en quien quiera? ¡Mas para la vez primera, ya habéis dicho lo que hasta; yo os doy palabra, que cuando un dueño, un amante nombre, procuraré haceros hombre.
Don Gonzalo	¿Me queréis?
Serafina	Eso burlando; y voime mientras se guisa la boda.
Don Gonzalo	En fin, dueño bello, ¿Qué me queréis tanto dello?
Serafina	Todo eso es cosa de risa ven Gibaja.

Gibaja	Aquí te espero.
	¿Qué te parece?
Serafina	Muy malo.
Doña Matea	¿Ves? pues tiene el don Gonzalo
	gracia por lo majadero.
Don Gonzalo	Ahí se topará en la calle
	moza como vos.
Serafina	No a fe.
Don Gonzalo	¿Y mi talle es algo que...
	responded.
Serafina	¡Qué lindo talle!
Doña Matea	Digo que se da a querer.
Serafina	Todos serán mis despojos,
	nada habéis dicho a mis ojos.
Don Gonzalo	Los ojos son para ver.
Serafina	¿Cómo os sentís?
Don Gonzalo	Como ciego
Serafina	¿Es de mirarme?
Don Gonzalo	¿Pues no?
Serafina	¿Qué os aflige?

58

Don Gonzalo	Un qué sé yo.
Serafina	¿Es dentro del alma?
Don Gonzalo	¡Fuego! el rastrillo es de matar.
Serafina	¿Vais enamorado?
Don Gonzalo	¡Pus!
Serafina	Idos, y vedme.
Don Gonzalo	Ahora isus!
Serafina	Ven, Matea, adiós.
Don Gonzalo	¡Andar!

Fin de la primera jornada

Jornada segunda

(Sale don Roque.)

Don Roque

Esta es la Cava Baja,
y esta ha de ser la casa de Gibaja;
a las ocho me ha dicho que me espera
dentro en su casa, y preguntar quisiera,
puesto que hablarle espero,
si es el suyo este cuarto; llamar quiero;
¡Ha de casa!

(Dentro una criada.)

Criada

¿Quién es?

Don Roque

Ya han respondido;
¿Posa aquí el seor Gibaja?

Criada

Ya ha salido.

Don Roque

¿Dónde, Señora mía?

Criada

A la plaza, y ya dijo que volvía.

Don Roque

¿Ya ha salido a casar tan de mañana?

Criada

Entre, y siéntese usted

Don Roque

De buena gana

(Entra por una puerta y sale por otra.)

El cuarto es por cierto acomodado

si no estuviera tan desmantelado;
sillas, bufete y cama; mal lo pasa
debe de dar su ajuar a los que casa.

(Sale don Marcos.)

Don Marcos

Según soy desgraciado,
sin duda que Gibaja me ha casado
que madrugue y le vea me ha pedido
dentro en su casa, doime por marido
porque a llamarme no se atrevería
sabiendo que me visto a mediodía;
pero agora sabremos lo que pasa
si está en casa Gibaja.

Don Roque

                                No está en casa,
agora ha de venir.

Don Marcos

                        Pues yo le espero.

(Sale don Pablo.)

Don Pablo

Pax Christi, ¿posa aquí un casamentero?

Don Roque

Señor, si.

Don Pablo

¿Para qué me habrá llamado?

Don Marcos

Mucho tarda, ¿qué va que se ha mudado?

(Sale don Gonzalo.)

Don Gonzalo

Él me dijo que aquí; venga a esperalle
este el cuarto ha de ser, no hay sino dalle.

Don Roque	Pues sillas hay, se siente el que quisiere.

(Siéntanse.)

Don Pablo	Sede apud mihi.
Don Marcos	¿Que haya quien espere?
Don Roque	¡Lindo tiempo!
Don Pablo	Gustoso para todos.
Don Marcos	¡Oigan esto, y Madrid lleno de lodos ¡Que no habiendo que hablar, se haya dado en que lo pague el tiempo de contado!
Don Roque	¡Cuál ha estado la plaza hoy de gente, y hecha un jardín de fruta diferente!
Don Marcos	Llegue a comprar de una frutera astuta, y verá lo que lleva de la fruta.
Don Roque	¡Oh gran Madrid!
Don Marcos	Este hombre se endemonia.
Don Pablo	Todo el Tu autem es, eso per omnia.
Don Roque	Lo que alabar querría de Madrid, solo es la ropería, donde por su dinero, a cualquier forastero de roperos le viste una cuadrilla,

desde las medias hasta la golilla;
y lo que es más, como dinero tenga,
se lo ajustan, que venga que no venga.

Don Marcos   No está muy bien cortado el tal vestido;
pero lo que es cosido, ni cosido.

Don Gonzalo   La opinión que yo llevo,
es que a uno le ponen como nuevo.

Don Roque   Oigan otro prodigio.

Don Pablo   ¿Quid?

Don Gonzalo   No es nada.

Don Roque   En la plaza verán de la Cebada,
sin otras cosas que por raras dejo,
unas tiendas que hay de hierro viejo,
que son tiendas movibles que allí vienen
y no vale seis reales cuanto tienen;
y el mercader desta cerrajería
almuerza, come y cena cada día,
aunque muy poco venda,
Él, su mujer é hijos, con la tienda.

Don Pablo   Siempre veo estas tiendas, a fe mía,
corrientes con igual mercadería;
siempre están con lo mismo cuando llego.

Don Marcos   Lo que se compra allí se arroja luego.

Don Roque   Y es fuerza que uno destos se lo halle.

Don Marcos	A la noche lo buscan por la calle.
Don Roque	Pues en los ojos no hay engaño alguno,
	mire bien lo que compra cada uno.
Don Marcos	Pues eso es lo que a mí me trae podrido;
	que no hay cosa que sea lo que ha sido.
	Panecillos de suela fregenales.
	En las tiendas los venden por candeales;
	y en todas las tabernas de continuo
	agua de espuma con color de vino.
	En el figón un par de gorriones
	empanados en forma de pichones,
	¡Y que no pueda un hombre
	comprar las cosas todas por su nombre
	que si para sacar un vestidillo
	pide en la tienda tafetán sencillo,
	para que el mercader no se me inquiete,
	he de llamarle tafetán doblete;
	y como sufro al tafetán sencillo,
	si pido esparragón, es rayadillo,
	que la quieren hacer tela más noble,
	y ha de ser ormesí el tafetán doble.
	Si pido guarnición un poco extraña,
	dicen: ¿Quiere llevar pata de araña?
	y a un pasamano que hay del tiempo viejo
	dicen: ¿Quiere de diente de conejo?
	en oyendo estos nombres en su prosa
	yo pienso que me venden otra cosa.
Don Roque	Eso es muy fácil cosa remediallo.
Don Marcos	Diga cómo y lo haré.

Don Roque	Con no comprallo
Don Gonzalo	Ande en pelota.
Don Marcos	Harto mejor sería por no vestirse un hombre cada día.
Don Roque	Miren que linda criatura ya por la calle.

(Miran a la calle.)

Don Gonzalo	Allá va.
Don Marcos	Abobadilla es un poco, y yo para mi caudal algo entendida quisiera y no hermosa de matar.
Don Pablo	No decís bien.
Don Marcos	Bien arguye.
Don Pablo	Sic argumentor.
Don Marcos	Hablad.
Don Pablo	La hermosa cuatro sentidos aprovecha, pues verán que el tacto, la vista, el gusto, y el olfato, cada cual agradece cuanto logra; y es muy grande necedad dejar a cuatro por solo

un sentido corporal,
pues es la entendida y fea
para el oído no más.

Don Marcos   La hermosura de una vez
se goza; mas nadie ha
gozado al entendimiento
de una vez sola no más
el oído es un sentido
del alma, y por ella van
las pasiones de la lengua
a hacerse en ella lugar.
Él siempre es otro, y ella es
siempre una, ¿pues quién querrá
con diferente apetito
comer siempre de un manjar?

Don Pablo   Quien ama, por conseguir
es por lo que ama, que no hay
quien adore por oír
aquello que amando está.
Los deseos son los hijos
del amor: quien sabe amar
solicita merecer,
y quien merece querrá
conseguir; que el conseguir
es premio del desear.
¿No son decentes los ruegos?
la esperanza, ¿quién dirá
que no es lícita? pues ambas
aspiran a la beldad.
Con oírla solamente,
ninguno conseguirá
una belleza, que esotros

sentidos la han de gozar.
Luego no habiendo belleza,
no habrá amor. Luego será
mejor, necia, la hermosura,
que discreta la fealdad.

Don Roque   ¡Qué bien dice!

Don Gonzalo   Concluyóle.

Don Marcos   Solo esto me ha de enterrar;
¿Que haya tantos que se paguen
solo del ruido no más,
sin entender la razón?

Don Roque   Dice bien.

Don Marcos   Pues escuchad.
Aquel que ama una belleza,
si la desea gozar,
no ama la misma hermosura
que a sí se quiere no más.
Por conseguir quiere solo;
quien solo por adorar
quiere a su dama, éste quiere
con fineza y con verdad;
el que todos los sentidos
solicita aprovechar,
quiere el interés del gozo;
el que con amor mental
del oído se aprovecha,
ama solo por amar;
pues si la hermosa ha de hacerme
grosero en el desear,

	será mejor la entendida,
	pues tiene más calidad
	amor que será por ella
	que amor que por mi será.
Don Pablo	¿Luego no puede quererse
	gozando?
Don Roque	Si puede tal.
Don Marcos	Más se debe a aquel que quiere
	por querer.
Don Roque	No dice mal.
Don Pablo	¿A cuál quisiérades vos?
Don Gonzalo	Yo a la hermosa, voto a san.
Don Marcos	¿Y vos a cuál estimarais?
Don Roque	Yo a entrambas, por variar.
Don Pablo	Querer lo que se ha gozado
	es más firmeza.
Don Roque	Es verdad.
Don Marcos	Más fineza es que yo adore
	lo que es imposible.
Don Roque	Más.
Don Marcos	Don Demócrito del diablo,

	¿Quiérenos usted dejar?
Don Pablo	Taceas por amor de Dios.
Don Gonzalo	Déjelos usted allá decir verbos.
Don Roque	Muy bien dicen.
Don Marcos	¡Fuego en hombre temporal!
Don Roque	Yo soy un...

(Sale Gibaja.)

Gibaja	Paz sea en mi casa.
Don Marcos	¿Y en otras no quiere paz?
Gibaja	Señor don Roque...
Don Roque	Gibaja.
Gibaja	Don Gonzalo...
Don Gonzalo	Pésia tal.
Gibaja	Don Pablo...
Don Pablo	Idem per ideo.
Gibaja	Don Marcos...
Don Marcos	¿Era hora ya?

dos pesadumbres me hicisteis
a un tiempo.

Gibaja   ¿No sé yo cuál?

Don Marcos   Hacerme que madrugase,
y hacerme luego esperar.

Gibaja   De los cuatro necesito.

Don Marcos   Aquí están todos, hablad.

Don Pablo   Decid, si hablar nos queréis,
Insolidum, o a la par.

Gibaja   Todos juntos.

Don Roque   Sea a espacio.

Don Marcos   Sea aprisa.

Don Roque   Mejor será.

Gibaja   Ya os acordáis de aquel día
en que con tranquilidad
quisisteis de una belleza
todo el piélago sondar;
y que os volvisteis los cuatro
huyendo de un huracán
que levantó el desengaño
de la hermosura en el mar.

Don Marcos   Es ansí.

Gibaja	También sabéis,
	que de por sí a cada cual
	le llevé a pesar el Sol
	de Serafina.
Don Marcos	Acabad,
	y saltemos a la orilla,
	que yo me empiezo a marear.
Gibaja	Volví a la India de amor
	con intento de doblar
	de Buena Esperanza el cabo
	y hallé borrascoso el mar,
	porque la gran Seralina...
Don Gonzalo	Yo he sabido días ha...
Gibaja	¿Qué?
Don Gonzalo	Que es cruel por el cabo.
Don Roque	¿Hay más de no navegar?
Don Pablo	¿Qué dijo de mí?
Gibaja	De ti
	dijo bien poco, no más
	de que era, tonto en latín
	y que, cómo sufrirá
	sin propósito y sin tiempo
	un lugar sin más ni más.
	Y que te buscara quien
	te supiese acepillar,
	que estabas un poco basto,

72

y que no se ha de prendar
de un hidalgote de Asturias
y que, quien sazonará
amor, especie en Corito
con su puntas de patán.

Don Gonzalo ¿Y de mí?

Gibaja De ti algo menos;
dijo, que el oírte hablar
era cosa muy molesta
en términos de rufián;
mas también volvió por ti
en una cosa.

Don Gonzalo ¿Di cuál?

Gibaja Dijo que si te pusieran
un hombro con otro igual,
te bajaran la cabeza
cuatro dedos más atrás;
si te bajaran el talle
un palmo, y al rematar
te le adelgazasen otro,
si te pudiesen trocar
los pies donde están las piernas,
y ellas donde ellos están,
dijo que en toda la corte
no habría hombre más cabal.

Don Roque ¿Y de mi?

Gibaja De ti me dijo
que eras hombre temporal,

¿Y que para qué son buenos
hombres de tanta bondad?
que por qué se ha de dar ella
con toda su voluntad
a quien no se le da nada
de aquello que se le da.
Pero del señor don Marcos
me dijo, que estaba el tal
muy podrido, y que se fuese
a Antón Martín a curar.

Don Marcos   ¿Tanto me pudrí por ella?
¿Dije yo, pesia la tal,
que por qué trae las pechugas
abiertas de par en par?
¿Lo escotado de la espalda
pudríselo con mirar
por la espalda hasta la punta
que era dama de canal?
¿Pudríme de verla blanca
con que para mí no hay
tela que menos me vista
que se mancha con mirar?
¿Pues de qué me pudro? Oh pesia,
quien la ve desengañar
si me pudrí de lo menos,
y si he callado lo más.

Don Roque   Cúlpame a mí de que solo
no me pudrí, y os quejáis;
si supiera que no hice
más caso de su deidad
que hice de su desdén,
¿Qué pudiera decir más?

74

¿Qué dijera si supiera
que no se me diera un real
de hallarla agradable, hermosa,
o fea y perjudicial?
y, en fin, de que no me quiera
¿Qué dijera, a saber ya
de que hoy se me daba aquí
lo que ayer se me dio allá?

Don Gonzalo   Cúlpame también a mí
mi estilo por más vulgar
con que la dije: Señora,
premiad mi deseo, y zas;
y viendo la sal con que hablo,
acaso dijera más
de que era para mí todo
cuanto hablaba un papasal,
pues diga lo que dijere,
que yo lo he pensado mal,
o es querer roer el lazo
el no quererse casar.

Don Pablo   ¿Pues yo que la hablé en latín?
si la dijere un lugar
de los Cantares, que casi
se le estuve por cantar;
si la dijera también,
cuando la vi titubear,
el nescitis quid petatis,
que era cosa natural;
pero un lugarcillo o dos
despoblados, que serán
como los de la montaña,
lugares sin vecindad.

¿Qué te hacen a esta señora,
pregunto a cuántos están
oyéndome? ¿Dios no dijo
por su boca, si en Dios la hay
crescite et multiplicamini,
creced y multiplicad?
para que se multiplique
se casa uno, y para más.
Pues pregunto, ¿los latines
causan esterilidad?
y cuando venga a ser vieja,
diga ¿cuánto estimará
saber un par de latines
que yo la podré enseñar?
¿Llévola alguna ventaja
en saber latín? dirá
que hablándola en esta lengua
no me entenderá jamás.
Yérrase, que una ventaja
he llegado a confesar,
que al más entendido lleva
la mujer que es más bozal
que aunque un hombre le hable idiomas
el que quisiere inventar,
le entenderá una mujer;
pero él no la entenderá
si ella no quiere, aunque hable
en su idioma natural.

Gibaja   A gran daño, gran remedio;
ea, Señores, amolad
los ingenios, que por Dios
que ha de haber bien que cortar.
Sabed que en otra locura

ha dado esta perenal.

Don Marcos   Decid qué es.

Gibaja   Dar cada día
de audiencia una hora cabal.
Cuantos amantes vinieren
a pretender, la tendrán
audiencia; pero el despacho
de todos siempre es igual,
agora de nueve a diez
en la antesala estará
de su casa despachando
lindos a todo juzgar;
¿Está alguno de los cuatro
herido del Dios rapaz,
que es lenguaje de poeta?
¿Díganme ustedes cuál
está enamorado, o quién
bien hallado está no más,
que es lenguaje de quien no
quiere decir que lo está?
ea, ¿no me respondéis?
entre los cuatro no hay
amante? que agradecido
yo sé bien que no le habrá.
En la lengua de Gonzalo
lo diré, ¿pues no me habláis?
¿Díganme cuál de los cuatro
tiene...

Don Gonzalo   Decidlo.

Gibaja   Pañal.

Don Marcos	¿Quién? el que tuviere amor; pues es niño. le tendrá, que yo la quiero por tema.
Don Pablo	Ego quoque.
Don Gonzalo	Yo no más de porque ella no me quiere doy suspiros cual y cual.
Don Roque	Yo si me ama la querré, si no, no me he de matar.
Gibaja	¿queréis los cuatro...
Don Roque	Queremos.
Gibaja	¿Todos de conformidad ir a la audiencia de amantes?
Don Marcos	¿Y qué hemos de hacer allá?
Gibaja	Ahora lo diré: los cuatro, si es que pretendéis triunfar con el ruego y con el tiempo desta dama pertinaz, habéis de mudar estilo. Vos, Señor, aunque os pudráis, os pudrid hacia allá dentro, sufrid y disimulad por lo que bien os parece lo que os pareciere mal. Seis mil y seiscientas leguas

tiene el mundo, imaginad
que por mucho que enmendéis,
os queda más que enmendar.
Y vos, mi señor don Roque,
que seáis importará
ni tan Demócrito en todo
que os riáis de cuanto hay,
ni tan don Marcos tampoco,
que un Heráclito seáis;
vos don Gonzalo, mi amigo,
el bajo estilo dejad,
dejad estos estribillos
en quien naide se vendrá;
y pues sois de Talavera,
donde hablan tan bien, hablad
un poco más vidriado,
y pintado un poco más.
Y vos, el señor don Pablo,
cuando vais a enamorar
a las damas, no en latín
porque no os entenderán,
ni aún en romance, sino
hay en el lenguaje, real;
y ansí mudando el estilo
todos cuatro faz a faz,
delante de Serafina
os aconsejo que vais;
porque un ardid he pensado
con que la he de hacer andar
tras los cuatro, sin saber
más de que quiere, y no a cual.
¿Daisme palabra los cuatro
de dejaros gobernar,
y hacer lo que yo os dijere?

Don Marcos	Yo la ofrezco.
Don Pablo	¿No contáis el ardid?
Gibaja	Vereisle presto; que la he de vencer fiad.
Don Marcos	No por amor, por venganza he de hacer lo que ordenáis, sin pudrirme exteriormente; pero interior, perdonad.
Don Roque	Yo ofrezco no contentarme si no es de verla penar.
Don Gonzalo	Y yo ofrezco dar un corte en el modo de mi hablar.
Don Pablo	Yo hablaré como en desierto, por no tocar en lugar.
Gibaja	¿Mudaréis de estilo?
Don Gonzalo	Sí.
Gibaja	Pues a esta sala os pasad, que ha de escribir cada uno...
Don Marcos	Decidnos qué.
Gibaja	Un memorial

Don Roque	¿Para Serafina?
Gibaja	Si, ninguno se ha de enojar de ver al otro premiado.
Don Gonzalo	Yo lo ofrezco ansí.
Gibaja	Jurad.
Don Marcos	Yo lo ofrezco.
Don Roque	Y yo lo juro.
Don Pablo	¡Oh quam jocundum será fratres habitare in unum!
Gibaja	¿Qué es esto, no lo dejáis?
Don Roque	¿Que bien dijo?
Gibaja	Vos tampoco.
Don Gonzalo	¿Era barro?
Gibaja	¡Hay tal porfiar!
Don Marcos	¡Que no sean consistentes! ¿Quién se ha de querer juntar con hombres para tan poco?
Gibaja	¿Y esa no es pudrirse?
Don Marcos	¿Hay tal?

	tú verás la enmienda.
Don Pablo	Tú otro hombre has de ver.
Gibaja	Entrad guerra contra Serafina.
Don Marcos	Tú nos has de acaudillar.
Don Roque	¿Eres soldado?
Gibaja	Helo sido.
Don Pablo	¿Dónde?
Gibaja	Luego lo sabrán.
Don Gonzalo	Los casamenteros sirven en la guerra del casar.

(Vanse.)

(Salen Serafina, doña Matea y Rafaela.)

Rafaela	¿Tu recato y tu prudencia, en esta locura dio?
Serafina	¿Han dado las nueve?
Doña Matea	No.
Serafina	No es hora de hacer audiencia.

Doña Matea	No haces mayor tu deidad con caprichos semejantes; dar una audiencia de amantes es cosa nueva.
Serafina	Es verdad si mi desdén los condena no quiero mayor victoria, pues vengo a lograr la gloria de verles sufrir la pena. En esta contienda y lid de amantes, triunfar espero, y por el capricho quiero hacerme rara en Madrid.
Rafaela	Con mal trato y peores modos, habrá alguna por constante que engañe uno y otro amante; mas no quien los burle todos.
Serafina	¡Que es ver unos figurones requebrar muy ponderados, con vocablos estudiados afectando las razones! cuando me asomo al bacón, ¡Que es ver al que me se inclina, requebrar desde una esquina tentándose el corazón! ¿A quién mil canas no quita ver, cuando está enamorado, a uno muy tierno y barbado echar una lagrimita? riome con gran consuelo, cuando sus ternezas miro,

de otros que aman de suspiro
con miradura de cielo.
Pues si voy a lo partado,
tendremos materia harta
¡Las necedades que ensarta
uno que está enamorado
ayer un amante orate
mi mano alabó por bella;
pero a cada dedo della
le dijo su disparate.
Otro a la mano otra vez
dijo, fingiendo pasiones,
que en el picar corazones
era mano de almirez.
A mi boca otro menguado
dijo (con frialdad no poca):
«Cada labio desa boca
es un bocaci encarnado.»
A mi pelo, sin recelo,
dijo un calvo muy de veras,
que para hacer cabelleras
tenía extremado pelo.
Dijome otro con pasión:
«Guardad esos dientes bellos,
serafina, que con ellos
me mordéis el corazón.»
Y aún estos son los mejores,
si a oírlos te persuades,
los que no hablan necedades
son quien las dice mayores;
cuando alguno me contente,
si le procuro escuchar,
al punto empieza a llamar
campo del amor mi frente.

Luego un divino arrebol
mi cabello da en despojos,
luego que mis negros ojos
le dan dos higas al Sol.
Que porque no le hagan mal,
cuando competirlos ves,
dicen, que mi nariz es
un montate de cristal.
Mis cejas, si este ha alabado,
son instrumento de un Dios
desde cuyos arcos dos
dispara, flechas, vendado.
Si dientes, y boca aquel,
verá el que quiera cogerla,
suelta tanta de la perla,
listo tanto del clavel.
La garganta no es cuestión
que es pasadizo de nieve
por donde a subir se atreve
por la boca el corazón.
Y ansí, Rafaela, sabrás,
que mi constancia te avisa
que el que habla mal, me hace risa,
y el que habla bien, me hace más.
Con verlos, de su amor luego
se hace dueño mi desdén,
y con oírlos, también
vengo a triunfar de su ruego.
No viene a ser castigarlos
no oírlos, ni verlos jamás;
solo es castigarlos más
oírlos, verlos y dejarlos.

Rafaela   Daránte eternos renombres;

¡Lindo gusto de mujer!

Doña Matea   ¿Qué gusto puede tener,
quien quiere mal a los hombres?
Á un hombre de lindo talle,
di, ¿quién sabe hacer desprecio
de verle pisar tan recio
que desempiedra la calle?
con recato y con decoro,
cuando empuñan el rejón,
¿Quién no cobrará afición
Á un hombre que mata a un toro?
¿Qué mujer no cobra amor
a aquel que en lid concertada
obra con la negra espada,
y con la blanca-mejor?
si el oírlos te da enojos,
¿Por qué ha de ser permitido
que eche a perder el oído
el crédito de los ojos?
que mientan es más blasón
de la que quiere y suspira,
cuando pasa la mentira
plaza de satisfacción.
Al que no teme, también
le puedes recompensar
lo que le llega a costar
fingir que te quiere bien.
Los que son falsos amantes
que no han de vengarse ves
por mucho que hagan después
de lo que sufrieron antes.
Quien no te quiere ofender,
y contigo está contento,

de uso, y no aborrecimiento
solicita otra mujer.
¿Pues por qué se ha de enojar
el que tuyo llega a ser,
si es una cosa querer
y es otra cosa variar?
el que a otra quiere después,
que no la querrá le arguyo
por el desmérito tuyo,
que por su inconstancia es.
Pero ¡cuán agradecido
vendrá, y con mayor deseo
el que después otro empleo
vuelve amante arrepentido!
Hermana, de errores tales
ni te admires ni te asombres;
créeme, y quiere a los hombres,
que son bellos animales.

| Serafina | Y de celos el dolor, |
| | ¿A quién no causa recelos? |

| Doña Matea | Si no se usaran los celos, |
| | ¿De qué sirviera el amor? |

| Serafina | ¡Qué! ¿tanto los quieres? |

| Doña Matea | Sí. |

Serafina	De ti me vengo a cansar
	tanto, que te he de casar,
	porque me venguen de ti.

| Doña Matea | Agradecerte debiera |

	la venganza que merezco.
Serafina	Digo que casarte ofrezco ¿Pero hallarás quién te quiera?
Doña Matea	Para que yo tome estado y porque vengada estés, bastará que tú me des un amante desechado.
Serafina	El que adoró mi beldad ¿Cómo ha de poder quererte?
Doña Matea	Dos mil cosas desa suerte suele hacer la variedad.
Serafina	Ya os tomáis mucha licencia, y no sé como se atreve una...
Rafaela	Señora, las llueve.
Serafina	Ya es llora de dar audiencia: abre, ya pueden entrar.
Rafaela	Ruido en la antesala escucho.
Gibaja (Dentro.)	Señores, la audiencia.
Rafaela	Mucho tienes hoy que despachar.

(Sale don Roque.)

Don Roque   Ya el Sol riendo hace salva
             al alba,
             puesto que trae su arrebol
             luz del Sol;
             la aurora que el campo dora
             ríe y llora;
             y yo en tiniebla esto ahora
             en vuestra luz salgo a ver
             reír, llorar y amanecer
             al Sol, al alba y la aurora.

(Sale don Marcos.)

Don Marcos   Ya produce matizado
             el prado;
             ya corre más diligente
             clara fuente;
             brota la rosa olorosa
             más golosa;
             y yo, Serafina hermosa
             solo en veros, salgo a ver
             producir brotar, correr
             la fuente, el prado y la rosa.

(Sale don Gonzalo.)

Don Gonzalo Ya más sonora y suave
             canta el ave;
             sin nubes, sin niebla fría
             nace el día;
             calma el viento más atento
             en su elemento;
             yo, que ni uno ni otro siento,
             salgo a veros por mirar

	cantar, nacer y calmar, el ave, el día y el viento.
Rafaela	¡Otro estilo desde ayer! amor los va mejorando.
Serafina	Señores amantes, ¿cuándo acabó de amanecer? ya es mediodía, y querría ver tan agudos talentos: troven esos pensamientos si pueden al mediodía.

(Sale don Pablo.)

Don Pablo	Abrásase haciendo salva, el alba; vencido con tu arrebol, huye el Sol. La aurora herida se ignora donde llora; y aunque es mediodía ahora, abráseme o no, he de ver
Todos cuatro	Herir, abrasar, vencer al Sol, al alba y aurora.

(Sale Gibaja.)

Gibaja (Aparte.)	(Digo que la licioncilla ha sido extremada cola y que están otros los cuatro; así quiera ella estar otra.)
Serafina	Llegad, don Pablo.

Gibaja (Aparte.)   (Valor;
                         habladla muy descollado,
                         sin jugar.)

Don Pablo   Yo soy soldado
                         de la milicia de amor;
                         que me embarqué significo,
                         rompiendo espumas y famas
                         por el Golfo de las damas,
                         a la India de Puerto-rico.
                         No merecí que admitieras
                         los deseos de servirte,
                         aunque para persuadirte
                         tomé puerto en las Terceras;
                         mal herido en tu escuadrón
                         donde me llevé la palma,
                         saqué una herida en el alma
                         y otras en el corazón.
                         Otros mil servicios dejo,
                         y solo que estimes pido
                         el tiempo que te he servido.

Serafina   Retiraos, que estáis muy viejo.

Don Pablo   Siempre esperé premio igual.

Serafina   Oigan, ¿que ha hablado en romance?

Don Pablo   Señora, el favor alcance
                         que pido en el Memorial,
                         pues ya no soy de provecho.

Serafina   El memorial se verá.

Don Pablo	Vedlo luego.
Serafina	Bien está.
Gibaja (Aparte.)	(Famosamente lo has hecho.)
Serafina	Este amante lo habla bien con más prudencia y respeto.
Gibaja	El desdén le ha hecho discreto.
Serafina	Enseña mucho el desdén; y vendrá a parar su ruego en que le haga algún favor
Gibaja	Ea, llegad sin temor.
Rafaela	Llegad, don Marcos.
Don Marcos	Ya llego; no huye quien de vos espera lograr felices trofeos, que el despedir los deseos es soberbia muy grosera. No quise amar, pero amé; vencer quise, y me rendí; para ver la luz nací yo vi la luz, y cegué. Agradeced al que muere, quejoso aunque no ofendido, que es la queja del herido lisonja para el que hiere. Ya contenta el alma llega

a no ver lo que miró,
quien la luz examinó
victoriosamente ciega;
mas para templar mi mal
solo pido...

Serafina   ¿Qué queréis?

Don Marcos   Que el premio solo me deis
que pide este memorial.

Serafina   Ya le veré.

Gibaja (Aparte.)   (No va malo.)

Rafaela   Otro hombre el podrido está.

Serafina   Esperanzas pedirá.

Rafaela   Llegad, señor don Gonzalo.

Don Marcos   ¿Hablé a vuestro gusto?

Gibaja   Si;
bien lo dijistes los dos.

Don Marcos   Dadme licencia. Por Dios,
para pudrirme de mí.

Don Gonzalo   Pues yo, hermosa Serafina...

Gibaja   En hablar culto trabaje.

Don Marcos   Mas que se le va el lenguaje...

Gibaja	¿Dónde?
Don Marcos	A la jacarandina.
Don Gonzalo	Un amor tengo que es mengua.
Gibaja (Aparte.)	(De que hable bien desconfío.) Que lo errasteis.
Don Gonzalo (Aparte.)	(Señor mío no me vayan a la lengua.) digo, que estaba fiado,
(Turbado.)	Quien adora el que confía... perdonadme, reina mía, que esto es poco y mal hablado.
Serafina	De ver a un hombre me espanto, que tenga turbación tal.
Don Gonzalo	Señora, este memorial dirá esto y otro tanto, pensamientos como el hilo de delgados os dirá.
Serafina	¿Aun dura?
Rafaela	Amor no podrá enmendar un bajo estilo.
Don Gonzalo	En él veréis el empeño en que entra mi amor fiel;

	todo lo que digo en él, cierto que es cosa de sueño.
Serafina	Esta noche, sin enojos, sobre él espero soñar.
Don Gonzalo	Eso es querer acertar mi deseo a cierra ojos.
Don Marcos (Aparte.)	(Que no puede más recelo.)
Gibaja	Mil necedades ensartas.
Don Gonzalo	Callen barbas y hablen cartas.
Serafina	Pues venga el memorial.
Don Gonzalo	Helo.

(Dale el memorial.)

Don Marcos	Una y otra necedad habéis dicho, vive Dios.
Gibaja	Don Roque, enmendadlo vos.
Rafaela	Señor don Roque, llegad.
Don Roque	Llegue mil veces felice, aunque temeroso llegue, amante, que a conquistar un imposible se atreve. Yo huí del fuego que arrojan

dos dulces ojos ardientes;
¿Cuándo no logró centellas
aquel que en la piedra hiere?
pero el osado y amante
dificultades emprende,
no se vence lo rendido,
lo inexpugnable se vence.

Gibaja   Bueno va.

Don Gonzalo   Demonio es.

Serafina   No se perderá por este.

Don Roque   Verdad dice mi deseo,
no finge amor porque teme
que a tilos de una mentira,
una verdad se ensangriente.
¡Oh, si el dueño a quien adoro
el alivio permitiese
del llanto a los ojos míos
porque en líquidos corrientes
destile mi sentimiento!
que porque le oigas decente,
es la lengua muy grosera
y son ellos muy corteses.

Serafina   ¿Quién os quita que lloréis?

Don Roque   A mi nadie.

Gibaja (Aparte.)   (Que se pierde;
enmendadlo vos, don Marcos.)

Serafina	Pues llorad.

Don Marcos
                      Si le sucede
lo que a mí, ¿cómo podrá
pues mi dueño ingrato quiere,
que sangriento su desdén
en todo mi amor se cebe?

Serafina
¿Pues cómo os impide el llanto
lo que queréis?

Don Marcos
                     Desta suerte:
del agua del llanto es
el corazón arca débil
de tres llaves, y desta arca
son los dos ojos dos fuentes.
Una llave tiene amor,
y otra llave el dolor tiene,
y como es tesoro real
el llanto, para que quede
con seguridad, se da
otra a la crueldad más fuerte.
La llave de la crueldad
tenéis vos, y cuando quiere
abrir el dolor, procura
abrirla, pero no puede.
No puede tampoco amor
abrir, aunque abrir pretende
pues dolor y amor, ¿qué importa
que una y otra llave prueben,
si no quiere la crueldad,
siempre obstinada y rebelde,
ni que mi dolor se alivie
ni que mi amor se consuele?

Don Gonzalo
(Aparte.)   (En el pico de la lengua
                           lo tuve.)

Don Roque (Aparte.)   (El hombre es prudente.)

Gibaja (Aparte.)   (Remediólo.)

Don Roque   El memorial
                           os ofrece un pretendiente
(Dale el memorial.)   del amor; y así, si habéis
                           de consultalle, leelde.

Serafina   Una cosa por los cuatro
                           he de hacer.

Don Roque   ¿Qué?

Serafina   Que no os cueste
                           desvelos la dilación,
                           y estando todos presentes,
                           todos cuatro memoriales
                           despacharé de una suerte
                           lee tú este memorial,

(Dale uno a doña Malea.)

                           Matea; y tú lee este,
(Dale otro a Rafaela.)   Rafaela; y tú, Gibaja,
                           lee este.

(Dale otro a Gibaja.)

Rafaela	¿Qué es lo que quieres?
Serafina	Leerlos todos a un tiempo y que a un tiempo los decrete. Leed.
Todos (Leen.)	«Don Marcos desea, puesto que no le queréis, que por esposa le deis a vuestra hermana Matea.»
Serafina	¿A Matea?
Don Marcos	Sí, Señora.
Serafina	¿Y ese?
Rafaela	Lo mismo pretende don Pablo.
Doña Matea	Y don Gonzalo pide lo mismo por este.
Serafina	Y ese ¿qué pide?
Gibaja	Lo mismo.
Serafina	No es posible.
Doña Matea	Lee.
Rafaela y Gibaja	Lee.
Serafina	¡Qué equívocos eran todos

los fingimientos corteses!

Don Pablo

Yo dije que el memorial
diría lo que pretende
mi deseo.

Don Marcos

       Al memorial
trasladé voces decentes.

Don Gonzalo

Yo fundé en mi memorial
mi pretensión.

Don Roque

           No te ofende,
quien herido del desdén
la medicina apetece.

Serafina (Aparte.)

(Eslabones sus palabras
en mi corazón ardiente
sacan menudas centellas;
muchas son, pero aún no prenden.)

Gibaja (Aparte.)

(Aun no ha obrado la purguilla,
más polvos de celos tiene.)

Serafina

¿De suerte, señor soldado
de amor, que servisteis siempre
de Matea en la milicia,
y que era aquella prudente
metáfora por mi hermana?

Don Pablo

Perdonad que lo confiese.

Serafina

¿La aurora, el alba y el Sol,
el prado, la rosa y fuente,

el arca del corazón
con las tres llaves que tiene
amor, dolor y crueldad,
y otros requiebros más verdes
¿Por ella eran?

Don Marcos   Sí, Señora.

Serafina   ¿Es ansí?

Don Roque   No hay quien lo niegue.

Don Gonzalo   Yo testigo.

Serafina   ¿Vos, don Marcos,
no confesasteis mil veces
que adorabais mi hermosura?

Don Marcos   Y porque yo la confiese,
¿Cuándo oyó vuestra constancia
de mi amor ruegos decentes?
mil veces confesaré
que el que a esas manos se atreve,
toma el cielo con las manos;
y el que esas mejillas viere,
bien verá que no podéis,
por tristeza o accidente,
poner sobre la mejilla
la hermosa mano de nieve,
porque ella no se derrita
o porque ellas no se hielen.
Pero como yo he dejado
que mi inclinación me fuerce,
me lleva mi inclinación

a otro dueño; haced que premie
vuestra hermana mi deseo,
porque no será decente
que se descubra el dolor
y la herida se cautele.

Serafina   Vos, Matea, ¿qué decís?

Doña Matea   Que me ofrecistes dos veces
darme esposo y darme dueño
como haya quien me desee;
y puesto que hay quien me quiera,
que cumplas lo que prometes.

Serafina   ¿Y a cuál eliges?

Don Gonzalo   Si acaso,
don Gonzalo te merece...

(Todos ruegan a Matea.)

Don Marcos   Si agradeces mi elección...

Don Roque   Si una constancia agradeces...

Don Pablo   Si una inclinación se premia...

Doña Matea   Los memoriales.

Rafaela   ¿Qué quieres?

(Pónese grave Matea.)

Doña Matea   Decretarlos.

Rafaela (Aparte.)	(Ya se entona.)
Gibaja	Estos son.
Doña Matea	¡Gran paso es este! don Marcos, oíd.
Serafina (Quítaselos.)	Primero, Dejad que yo los decrete. ¿Cómo, villanos?
Don Marcos	Señora...
Serafina	¿Segundo dueño prefieren delante de mi hermosura vuestras pasiones aleves? ¿Cómo, traidores...
Gibaja (Aparte.)	(Pegó.)
Serafina	¿En la corte de amor puede, si amor se pierde por niño vuestra urbanidad perderse? Idos, don Marcos.
Don Marcos	No sea mi dueño quien me desdeñe, que no me ofende tu enojo.
Doña Matea	Don Marcos, volved a verme.
Serafina	Idos, don Roque.

Don Roque	¿Y qué hará quien adora y quien padece?
Doña Matea	Yo haré que no padezcáis.
Serafina	¿Qué aguardáis?
Don Pablo	A que me dejes...
Don Gonzalo	Que consientas...
Serafina	Idos luego.
Don Pablo	Que el que ama...
Don Gonzalo	Que el que padece...
Doña Matea	Yo me acordaré de entrambos.
Serafina	¡Que esto escuche!
Don Pablo	Si te ofende...
Serafina	No me habléis más.
Don Gonzalo	Si te agravia...
Serafina	Calla o te daré la muerte.
Doña Matea	Señora, el ser más dichosa no te hace...
Serafina	Traidora, vete.

Rafaela	Mira bien...
Serafina	Calla, villana.
Gibaja	Advierte...
Serafina	Todos me dejen.
Don Marcos (Aparte.)	(Mejoróse mi fortuna.)
Don Gonzalo (Aparte.)	(Andallo.)
Don Marcos (Aparte.)	(Padezca.)
Don Roque (Aparte.)	(Pene.)
Serafina	Criad segundas en casa.
Doña Matea	No hay belleza como suerte.
Gibaja	Salte el huevo.
Don Pablo	Pague en celos lo que ofendió con desdenes.
Serafina	Presto los hombres olvidan.
Don Marcos	Presto las mujeres quieren.
Serafina	¡Mujeres, lo que hombres son!

Don Marcos	¡Hombres, lo que son mujeres!
Doña Matea	De hoy más he de ser feliz.
Gibaja	Salió mi ardid como siempre.
Serafina	A morir me voy de enojo.
Don Marcos	Voy a podrirme dos meses.
Doña Matea	A estimar mi suerte voy.
Don Roque	Voy a consolarme adrede.
Don Gonzalo	Voy a hacer lo que yo sé.
Don Pablo	¡Ah, qué lugar se me ofrece!
Serafina	Mujeres, todos los hombres son unos.
Don Pablo	Unas son siempre todas las mujeres, hombres.
Serafina	Son traidores.
Rafaela	Son aleves.
Don Marcos	Adoran aborrecidas.
Don Pablo	Adoradas aborrecen.
Serafina	¡Mujeres, lo que son hombres!

106

Don Gonzalo   ¡Hombres, lo que son mujeres!

Fin de la segunda jornada

Jornada tercera

(Salen Rafaela Y Serafina, medio desnuda, el cabello tendido.)

Serafina   En fin, ¿no quieres dejarme,
                  Rafaela,?

Rafaela   Señora no,
                  que estás con el crecimiento.

Serafina   Vete, y déjame, por Dios,
                  morir a solas.

Rafaela   Señora,
                  yo te he cobrado afición,
(Paseándose las dos.) Aunque criada, y no quiero
                  que te mueras sin doctor.

Serafina   Vete, que solo en mi queja
                  tiene alivio mi dolor.

Rafaela   Mira que te puede dar
                  sobre una imaginación
                  un suspiro; ¡Dios nos libre!

Serafina   ¿Y mataráme?

Rafaela   ¡Pues no!
                  ¿Pues de qué murió la amante
                  de Teruel? Deso murió.

Serafina   Pues mis suspiros escucha.

Rafaela   Ansí hablarás.

Serafina   Es error,
                    porque nunca fue palabra
                    el suspiro, con ser voz.

Rafaela   Los suspiros nunca supe
                    de la calidad que son;
                    porque a unos causan alivio,
                    pero a otros desazón.
                    Uno muere de un suspiro,
                    otro dél convaleció,
                    es triaca y es veneno,
                    es alivio y es pasión.
                    Yo no entiendo a los suspiros.

Serafina   ¿No has visto a una misma flor
                    que un viento la reverdece
                    y que otro la marchitó?
                    es que aquel viento que sopla
                    las calidades tomó
                    de la tierra donde nace;
                    y así, aquel viento o vapor,
                    si es seco, abrasa la rosa;
                    y si es húmedo, la oreó.
                    El suspiro que del cuerpo
                    se origina, ¿quién dudó
                    que el corazón nuestro alienta?
                    pero aquella exhalación
                    que se levanta del alma,
                    como es su fuego veloz,
                    obra con las calidades
                    de fuego en el corazón.
                    Corazón y flor, ejemplo
                    te darán, pues son los dos:

ella, un corazón del campo
y él, de la vida una flor.

Rafaela   Pues ahora estás tan moral
y yo tu gusano soy,
permíteme que hebra a hebra
te hile toda la pasión;
la verdad me di, Señora.
¿Tienes amor? Dilo.

Serafina   No.

Rafaela   Mira el amor y los celos
unas calenturas son
que hasta que salen al labio
no las ve el que las pasó;
mas por sola la experiencia
te diré tu mal, que yo
he estado muy achacosa
destos males, gloria a Dios.
Di, ¿aborreces algún hombre?

Serafina   Ninguno de mi afición
es dueño.

Rafaela   No te pregunto
sino ¿si aborreces hoy
a aquel que ayer no querías?

Serafina   Yo aborrezco a quien me amó;
¿Pero cómo saber puedes,
de mí este fuego veloz
preguntando por el odio
y no por la inclinación?

Rafaela	Ahora lo verás. ¿Por qué le aborreces?
Serafina	¿No es razón que aborrezca a quien me quiso si a otra adora y a mí no?
Rafaela	Pues si aborreces a quien te olvida, porque te amo, si por eso le aborreces, le tienes por eso amor.
Serafina	¿Cuándo has visto amor sin celos? pues no teniéndolos yo, es cierto que amor no tengo.
Rafaela	Celos tienes.
Serafina	Es error.
Rafaela	¿De tu hermana no los tienes? ¿No me lo dijo tu amor?
Serafina	Yo de mi hermana los tengo, no de quien la ama en rigor; y una cosa es tener celos della, porque fue elección de quien me quiso, y es otra celos de quien la eligió; della, y no de quien la quiere son mis celos; luego son celos de ira los que tengo y no celos de amor.

Rafaela	¿Qué más tiene tener celos de quien es adoración del amante, o tener celos del mismo que la adoró? los della son unos celos de sentir que granjeó el amante que la olvida; los de aquel que se mudó a adorar otro sujeto, ¿No nacen de una pasión? ¿No son de una causa efectos? luego no habrá distinción en celos della por él si él fue aquel que los causó, o en los celos dél por ella si unos mismos celos son.
Serafina	¿Quieres ver que tengo celos della y de quien me ama no? cuatro son los que la quieren, y si yo tuviera amor, Á uno quisiera no más; es asentada opinión que no es amor verdadero el que se reparte en dos. Luego si a cuatro no puedo tener amor, ¿no es cuestión que de los cuatro tampoco tendré celos? Pues si doy que tengo celos, mis celos serán (si es que celos son) della, por querida sí, dellos, por amantes no.

Rafaela	A eso respondo que tú querrás a alguno.
Serafina	El dolor que tengo en el alma es ese.
Rafaela	¿Pues qué es?
Serafina	Una obstinación de no amar con el deseo de amar a quien me olvidó.
Rafaela	¿Luego es amor?
Serafina	¿Pues di a quien quiero, si quiero?
Rafaela	El mejor es don Marcos.
Serafina	Moriréme si sufro su condición.
Rafaela	Don Gonzalo, el extremeño, es bueno, porque es hombrón.
Serafina	¿Qué importa que sea diamante, si es bruto?
Rafaela	Tienes razón. ¿Y don Pablo?
Serafina	¿Quién podrá

	sufrir su conversación?
Rafaela	¿Don Roque?
Serafina	No quiero amante que tiene tan raro humor, que no me quiere por mí sino por su condición.
Rafaela	¿Qué sientes?
Serafina	Siéntome arder.
Rafaela	¿Dónde está el mal?
Serafina	¿Qué sé yo?
Rafaela	Mira si es dentro del alma.
Serafina	No, como el doliente soy que el dolor tiene, y no sabe adonde tiene el dolor.
Rafaela	Señora, y esta academia que has dispuesto para hoy, ¿A qué efecto?
Serafina	Hoy cumple años matea, y con ocasión de festejarla, he dispuesto, por disimular mejor mi pena y dar a entender cuán poca es la estimación que hago de uno y otro amante

que uno y otro me olvidó,
celebraré una academia
donde el asunto peor
es mi asunto, que ha de ser
de mí disimulación.
y porque viendo mi ingenio,
quiero que el que se cegó
de mis ojos, y no quiso
penetrar la luz del Sol,
que adore el entendimiento,
pues la luz desperdició.

Rafaela   Y desta regla creída
verán tan nueva excepción,
que siendo Matea y tú,
hermosa tú y ella no,
contra el uso habéis de ser
en la academia las dos,
fea ella con ignorancia,
tú hermosa con discreción;
pero ella sale, Señora
a esta sala.

Serafina   Yo me voy.

Rafaela   Háblala por vida tuya,
y muy a lo socarrón;
si te da lugar la pena
haz burla de la elección
de sus amantes, y a ellos
la puedes hacer mayor,
porque sienta por agravio
el que tuvo por blasón.

Serafina	Bien me aconsejas, si pueden risa y llanto con valor calmar el llanto en los ojos y herir la risa en la voz.

(Sale doña Matea.)

Doña Matea	La música viene aquí, todo prevenido está.
Serafina	¿Enviaste a llamar ya los académicos?
Doña Matea	Sí, mis años has celebrado como tuyos.
Rafaela	Y mejor.
Serafina	Siempre te he tenido amor.
Doña Matea	Algo lo has disimulado.
Serafina	Pero hoy te trae mi afición Á quien te ama, hermana mía, porque celebren tu día los que aman tu perfección.
Doña Matea	¿perfección? No soy hermosa, que el espejo no me engaña; feliz sí.
Serafina	Desde tamaña te tuve por venturosa;

| | ninguno que te ama aquí
te ha llegado a merecer. |
| -------------- | ----------------------- |
| Doña Matea | Claro está; ¿qué pueden ser
los que no te aman a ti? |
| Serafina | Un podrido te ha querido,
y es ajar tu pundonor
que te ame. |
| Doña Matea | No es lo peor
lo que le agrada a un podrido. |
| Serafina | Busque un lugar el señor
montañés, muy ponderado
para el amor. |
| Doña Matea | En mí ha hallado
un lugar para el amor. |
| Serafina | Que te ama un contento, vi
que a todas quiere igualmente.
¿No es verdad? |
| Doña Matea | Y solamente
no se contenta de ti. |
| Serafina | Si te aman a ti es porque
mis desdenes han sentido
todos a mí me han querido,
y a todos los desdeñé.
Pero conmigo no ignoras
que son con malicia clara
traidores. |

Doña Matea	Muy a cara a cara te hablan para ser traidores.
Serafina	Pero si yo los quisiera, en qué me amaran te funda.
Doña Matea	Siempre viste la segunda desechos de la primera.
Serafina	Tan aburrida estoy, sí, que por no escucharte, intento Irme desde aquí
Doña Matea	¿Al convento que tenias para mi?
Serafina	¿Y no estarás sin decencia pobre tú y pobre tu amante en religión mendicante?
Doña Matea	Yo quiero esta penitencia.
Serafina	Si a responderme te pones, vencerásme, es cosa clara.
Doña Matea	¿Por qué?
Serafina	Porque tienes cara de alcanzarme de razones.
(Vase.)	
Rafaela	La hermosa solo merece

	del amor el interés.
Doña Matea	No es hermosa la que lo es, sino la que lo parece.

(Sale Serafina.)

| Serafina | Cansada de oírte estoy;
ruido en la antesala he oído,
entra a ver quien ha venido, |
| Rafaela | Por medio la abre. Yo voy. |

(Vase por una parte.)

(Sale Gibaja.)

Gibaja	Años mil (si darlos puedo) cumpláis, Matea divina, en vida de Serafina...
Doña Matea (Aparte.)	(Maldiciones, que la heredo.)
Gibaja	Y con finezas constantes, que amor en ti vinculó, goces, casándote yo, el mejor de tus amantes.
Serafina	No habla conmigo.
Doña Matea	En efeto, ¿No dirás a qué has venido?

Gibaja	A la academia he traído mis catorce de soneto.
Serafina	¿Qué tal es?
Gibaja	¡Gran pensamiento!
Doña Matea	La verdad, escrito a medias.
Gibaja	¡Bueno! Yo hago las comedias que acaban en casamiento. Ya hago una.
Serafina	¿Poeta eres?
Doña Matea	¿Buena traza?
Gibaja	Singular.
Serafina	¿Y cómo se ha de llamar? dilo.
Gibaja	Lo que son mujeres.
Doña Matea	¿Y tiénesla ya acabada?
Gibaja	No.
Serafina	Pues yo la iré leyendo.
Doña Matea	¿Qué, tanto hay?
Gibaja	Voy escribiendo en la tercera jornada.

Serafina	¿Qué figuras del tablado son las que has introducido?
Gibaja	Un contento y un podrido, un montañés y un menguado.
Serafina	Serán papeles valientes.
Gibaja	Y ha de tener cada uno su capricho.
Doña Matea	Uno por uno son mis cuatro pretendientes.
Serafina	¿Mujeres?
Gibaja	Una que adora a cuantos viere y no viere, y otra que a ninguno quiere.
Serafina	¿Mi hermana y yo?
Gibaja	Si, señora.
Serafina	¿Silbaránla?
Gibaja	No lo sé; como en el patio mandaren.
Doña Matea	¿Te enojarás si silbaren?
Gibaja	Si lo merece, ¿por qué? los que más me han aplaudido,

que una y otra han vitoriado,
me miran cuando la he errado
como a privado caído.
Si entro aplaudido aquel día,
y no me habla bien Apolo,
dejárame venir solo
la gente que me seguía.

Serafina
Esa comedia es segura,
al aplauso te prevén.

Gibaja
La que a nadie quiere bien
ha de cansar por figura.

Serafina
Lo más bien visto ha de ser.

Doña Matea
Ese capricho remedia.

Gibaja (Aparte.)
(Contándola la comedia
la digo mi parecer;
mas tengo trazado ya
que aunque es entendida y bella,
ninguno la quiera a ella.)

Serafina
Eso es lo que ella querrá.

Gibaja
Pero he pensado también
que el amante que la viere
quiera a la que a todos quiere.

Serafina
Eso quiere ella.

Doña Matea
                    Hace bien.

Serafina	La constante, yo he pensado, que viéndola sin amor, ha de ser la que mejor parecerá en el tablado.
Doña Matea	La que ama con viva llama es más extraña mujer: al pueblo ha de parecer mejor la que a todos ama.
Serafina	La fácil no es más excusa.
Doña Matea	A la constante condena.
Serafina	La facilidad no es buena.
Doña Matea	La constancia no se usa.
Serafina	Cuando a los fines esté...
Doña Matea	Sí a la traza conviniere, casa a la que nadie quiere.
Gibaja	¿Con quién?
Doña Matea	Yo lo pensaré.
Serafina	A la que no supo amar deja sin casar.
Doña Matea	Sea ansí.
Serafina	Sea.

Gibaja	Silbaránme a mí si la dejo sin casar.
Doña Matea	¿Pues qué trazas?
Gibaja	Sin recelos de silbo, en un paso extraño trazo a la una un engaño, y doy a la otra unos celos, y otros diferentes ramos el patio celebrará.

(Sale una Criada.)

Criada	Todos han venido ya a la academia.
Serafina	Pues vamos.
Gibaja	¿No es linda traza?
Serafina	Extremada.
Gibaja	¿Qué te parece?
Doña Matea	Famosa.
Serafina	No seré yo la celosa.
Doña Matea	No seré yo la burlada; contenta estoy.
Serafina	Muerta vivo.

Gibaja	Voy a la academia.
Serafina	Ven.
Gibaja	Una academia hay también en la comedia que escribo.

(Vanse.)

(Sale Rafaela con una sobremesa.)

Rafaela	A esta sala han de venir, y puesto que aquí ha de ser, los bancos quiero poner y el recado de escribir; pero sola no podré si no me ayudan a mí; mas Gibaja viene allí, a Gibaja llamaré. ¿Gibaja?

(Sale Gibaja.)

Gibaja	¿Quién me ha llamado?
Rafaela	Yo.
Gibaja	¿Qué quieres?
Rafaela	¿Qué ha de ser? que me ayudes a tender...
Gibaja	Habla presto.

Rafaela	Aquel estrado.
Gibaja	Quien tus partes estimó, Justo es que a servirte acuda, desde hoy he de ser tu ayuda, pero de cámara no.
Rafaela	Tiende esa alfombra.
Gibaja	¿Trae lodos?
(Tiéndenla.)	
Rafaela	¿No es soberbia alfombra esta?
Gibaja	Antes de puro modesta se deja pisar de todos.
Rafaela	Tiende igual.
Gibaja	Sí tenderé.
Rafaela	El bufete.
Gibaja	Mucho pesa.
(Pónenle.)	
Rafaela	Cásame esta sobremesa con el bufete.
Gibaja (Tiéndenla.)	Si haré; Pero el bufete se ensancha.

Rafaela	Cásele.
Gibaja	No te conviene, que la sobremesa tiene por un cuarto una gran mancha.
Rafaela	¿Pues el bufete quién es que desa mancha se enfada? ¿No es una bestia pesada que anda siempre en cuatro pies?
Gibaja	Dices bien, no mire en nada: cásese, cuerpo de tal.
Rafaela	Córtala.
Gibaja	Pues ponla igual, no sea corta y mal echada.
Rafaela	Pluma y tinta venga aquí.
Gibaja	Y los polvos vengan presto.

(Pónenlo todo.)

Rafaela	Muchos hacen mangas desto.
Gibaja	¿De polvos de cartas?
Rafaela	Sí.
Gibaja	Dime necedades hartas, que escuchártelas me alegra.

Rafaela	Las mangas de lana negra, ¿No son de polvos de cartas?
Gibaja	Poner los bancos intento.
Rafaela	Pardiez que ha de ser gran día.
Gibaja	¿Ves esto de la poesía? pues todo es cosa de viento.
Rafaela	Ya bien pueden empezar.
Gibaja	Parlando están allá fuera.
Rafaela	En tanto, saber quisiera yo cuando me he de casar; ¿No me lo ofreciste?
Gibaja	Digo que a darte un novio me allano; ¿Más quiéresle de mi mano?
Rafaela	Si.
Gibaja	Pues cásate conmigo.
Rafaela	¿Juegas?
Gibaja	Si, gracias a Dios.
Rafaela	¿Gastas?
Gibaja	A todo rozar.

Rafaela	¿Viéneste tarde a acostar?
Gibaja	A la una o a las dos.
Rafaela	¿Callarás?
Gibaja	¿Pues qué he de hacer?
Rafaela	¿Verás?
Gibaja	No veré, a fe mía.
Rafaela	¿Y en casa estarás de día?
Gibaja	A las horas del comer.
Rafaela	¿Vivirás muy confiado?
Gibaja	Y desconfiado también.
Rafaela	¿Y a mí me tratarás bien?
Gibaja	Como ande yo bien tratado.
Rafaela	¿No me dejarás mandar?
Gibaja	Mucho puede la razón.
Rafaela	¿Irás a una comisión?
Gibaja	Si tú me la hicieres dar.
Rafaela	¿Sabrásme amar y querer?

Gibaja	Cuando me toques a mí.
Rafaela	¿Estás firme en eso?
Gibaja	Si.
Rafaela	No te faltará mujer.
Gibaja	De tu ama saber quisiera qué tabur de amor le agrada,
Rafaela	Ella está ya tan picada que jugará con cualquiera.
Gibaja	¿Picada está?
Rafaela	¿No lo ves?
Gibaja	Pero la academia toda viene ya.
Rafaela	Esto y la boda se quede para después.

(Salen Esteban, Jacobo y todos los demás académicos y músicos.)

Músico I	Hoy cumple quince años matea divina, pero solo con ellos no es muy cumplida.
Músico II	Esto de los años, yo no lo entiendo; que aunque es bueno cumplirlos,

	no lo es tenerlos.
Rafaela (Canta.)	Por cortés no he tenido sino por viejo al que anda con sus años en cumplimientos.
Don Marcos	¡Que se usen academias, y que muy necio y confiado de mis versitos me venga con mi locura en la mano!
Serafina	El fiscal sea Rafaela; matea, a quien celebramos presidirá, y yo he de hacer oficio de secretario.
Rafaela	La música a cada asunto que se lea, está trazado que cante.
Don Marcos	Pero ha de ser lo que se cante, glosando el mismo asunto.
Don Roque	Está bien.
Gibaja	Cada académico ha dado una letra al mismo asunto que trae.
Rafaela	Ea, ¿no empezamos?
Don Pablo	La oración.

Gibaja	¿A quién le toca?
Rafaela	A la que preside.
Don Marcos	Al caso; y no haya oración muy larga de un grave sueño, que al cabo de una hora larga, nos diga mil disparates soñados.
Gibaja	Es sueño con pesadilla.
Don Roque	Háganse en lenguaje claro, proposición de la fiesta,
Don Pablo	Pues propositio est oratio.
Serafina	A los años de Matea, que cumpla felices años ¡Oh milicia de las letras! en día festivo os llamo.
Rafaela	Diósele el primero asunto: ¿A quién se le dio?
Gibaja	A don Pablo, y es la que a doña Matea pida que elija de cuatro que la quieren un sujeto.
Rafaela	Pero se le ha ordenado, que sea en cuatro redondillas, y han de tener todas cuatro

| | los tres versos en romance |
| | y en latín el verso cuarto. |

Gibaja

En redondillas parece
que es difícil.

Don Gonzalo

Para mancos.

Don Pablo

Pues canten la seguidilla
que hice a mi Matea.

Don Roque

Oigamos.

Música

Mira que en la corte
dicen algunos
que por querer a cuatro
no eliges uno.

Don Pablo

Cuatro aspiran a tu mano,
pero en ninguna te empleas,
si hombre de valor deseas,
diré Arma virumque cano.
Si yo no vengo a ser solo
a quien el premio se dé,
que no te quiero diré
sed nolendo dico volo.
Piadoso tu desdén mire
esta mi ardiente pasión,
Ábreme tu corazón
si forte vis aperire.
Cuatro somos, pues por Dios,
que a uno solo el premio des,
que desengañes los tres,
te rogamus audi nos.

134

Rafaela	Diósele el segundo asunto de la academia a don Marcos.
Doña Matea	A que en doce redondillas nos diga, por no ser largo, doce cosas solamente de las que se pudre.
Don Gonzalo	¿Es chasco?
Don Marcos	Canten mi letra primero.
Serafina	¡Famoso asunto!
Rafaela	Ajustado.
Música	No están todos en la casa de los locos.
Don Marcos	Púdrome de lo siguiente: porque este asunto escribí a esta academia, de mí me pudro primeramente. Ítem más: pudrir me debo de que echen todos el mal Á quien por no tener sal no ha echado sal en el huevo. El que se teme del rayo sin haberle hecho por qué, ¿Para qué quiere que dé en la casa de Tamayo? que el que en un lodo o pantano cayó de torpe o de ciego,

se levante y vaya luego
Á la nariz con la mano.
Que un reloj compre un menguado
y a todos ande después
preguntando, ¿qué hora es?
para traerle ajustado.
Aquel, que sin resistillo,
con un servidor ha andado,
¿Por reñir en colorado
limpiase de lo amarillo?
que se azote un majadero
no me causa pesadumbre;
¿Pero que haya quien le alumbre,
costándole su dinero?
¿Que ande un hidalgote añejo
con aire y hielo a porfía
por los montes todo un día
para coger un conejo?
¿Que haya puercos mentecatos,
que aunque sea de buen pelo,
ensucien un ferreruelo
por limpiar unos zapatos?
¿Y que ahorre el mosquetero
seis cuartos de su caudal,
y que se venga al corral
a silbarse su dinero?
que por ruar un peinado
día de Ángel y san Blas,
alquile un coche no más
Á estar seis horas parado?
¿Que envíe un hombre a comprar
un caballo a Andalucía,
y le preste el mismo día
que llega para torear?

¿Que haya quien vaya a porfía
a los toros de Alcalá,
no más de a pasar allá
dos noches malas y un día?
pues los músicos digan a coros

Músicos   No están todos
            en la casa de los locos.

Doña Matea Bien escrito está el asunto.
            El tercero se te ha dado
            a don Roque; es a que diga
            ocho coplas, ponderando
            por qué no se le da nada
            de todos.

Don Roque   Empiecen cantando
            los músicos mi letrilla.

Rafaela   Es vieja.

Don Roque   Pero es del caso.

Gibaja   Ea, canten, por vida mía
            la letrilla.

Rafaela   Ya cantamos.

Músicos   Que se caiga la torre
            de Valladolid,
            como a mí no me coja,
            ¿Que se me da a mí?

Don Roque   Un disparate es morirse,

137

el pudrirse más de mil;
luego el pudrirse es lo mesmo
que irse dejando morir.
Traiga o no traiga mi dama
la pollera o faldellín,
¿Por qué la he de pedir cuenta
de lo que yo no la di?
la fama que el abogado
tiene sin saber latín,
¿Qué me importa que la tenga,
si no ha de abogar por mí?
que un caballero novicio
salga a torear en Madrid,
pregunto yo: rueda él
por entrambos o por sí?
que no pague a los criados
un señor, ¿qué importa, en fin,
si ha menester lo que tiene
para echallo por ahí?
¿Qué me importa que don Diego,
don Andrés o don Martín
no tengan para comer,
si lo gastan en vestir?
Hacerse uno caballero,
saberlo obrar y fingir,
¿Qué le quita a mi solar,
si echa la culpa al del Cid?
la mujer que me ha admitido,
aunque mire aquí y allí,
el favor que a mí me hace
¿Por qué se le he de reñir?
pues los músicos vuelvan a decir:

Músicos   Que se caiga la torre

de Valladolid, etc.

Gibaja

Así habían de ser todos
los hombres.

Doña Matea

Asunto cuarto,
que se le dio en seguidillas
doce, al señor don Gonzalo.
Explique de qué manera
quiere a la dama.

Don Gonzalo

Escuchadlo:
pero yo no he dado letra;
mas todo el coro muy claros
todos los últimos versos
me los pespunten al canto.
Jesús, María y José,
seguidillas, ¿digo algo?

Don Roque

No hay más qué decir.

Don Gonzalo

Principio
de la obra.

Gibaja

Bien pensado.

Don Gonzalo

La dama que yo adoro
quiero que tenga
una cara, que todos
digan bellezas.

Músicos

Una cara, etc.

Don Gonzalo

Sea pequeña o grande,

	me parece bien,
	que a la larga o la corta
	la pienso querer.
Músicos	Que a la larga o la corta, etc.
Don Gonzalo	Aunque sea habladora,
	también la quiero,
	que la mujer del chisme
	me viene a cuento.
Músicos	Que la mujer, etc.
Don Gonzalo	Flaca no me la quiero,
	porque es vergüenza
	tener un hombre dama
	que haya flaquezas.
Músicos	Tener, etc.
Don Gonzalo	A la gorda es un tonto
	quien no la adora;
	pues vale lo que pesa
	cualquiera gorda.
Músicos	Vale, etc.
Don Gonzalo	Pero fea o hermosa
	no la despido,
	que el quererlas a todas
	cierto que es vicio.
Músicos	Pero fea, etc.

(Repiten.)

Don Gonzalo	Fin de la obra. En Madrid; y lo firmo: «don Gonzalo».
Rafaela	El quinto y último asunto.
Gibaja	Quedo, que aunque no me han dado asunto, traigo un soneto de don Juan, el Valenciano, que en juegos de la poesía fue gran tahúr de vocablos.
Rafaela	Vaya el soneto.
Don Marcos	¿Y sin letras?
Gibaja	No, que a la letra le traigo.

   A tus amantes (ninfa vil) repástalos,
y en regalada cama incasta, acuéstalos,
búscalos, enamóralos, recuéstalos,
preténdelos, escóndelos y engástalos.
   A todos castos con fervor descástalos,
a todos peros en tu cesta encéstalos;
aunque no te molesten, tú moléstalos;
aunque no te embanasten, tú embanástalos.
   Por cuatro o cinco endrinas, Dina, endrínalos;
en ocho o nueve cubas, Cuba, enmóstelos;
con doce o trece sustos, Dama, asústalos;
   Llámalos, amonéstalos, inclínalos,
abrásalos, enciéndelos y tóstalos,
enfráudalos, engáñalos y embústelos.

| Rafaela | El último y sexto asunto |

	manda que representando
	matea con Serafina,
	hagan entrambas un lazo
	de dos asuntos; pero ellas
	los han de elegir entrambos.

Gibaja   Metro y asunto son libres.

Doña Matea   A obedecer me levanto,
y a representar mi asunto.

Serafina   Yo, lo que se me ha ordenado
por la academia obedezco.

Doña Matea   Mi asunto es este, escuchadlo:
a una dama que quería
cuantos vía; pero cuando
se ve querida, aborrece
los mismos que antes ha amado.

Serafina   Pues mi asunto es a una dama,
que siempre aborreció cuantos
la quisieron; pero hoy quiere
solo porque la olvidaron.

Doña Matea   En décimas es mi asunto.

Serafina   También lo es el mío.

Rafaela   ¡Raros
asuntos!

Gibaja   Pues cante el coro
lo mismo con que acabaron

la audiencia de los amantes.

Rafaela   Y tanto a mí me ha agradado
               el estribillo, que todos
               a mi ruego le estudiaron.

Músicos   Si aborrecidas adoran,
               si adoradas aborrecen,
               ¡Lo que son mujeres!

Doña Matea   Cuando a los hombres amaba
               mi obstinación y porfía,
               no pensé que merecía
               lo mismo que deseaba;
               que como desconfiaba
               de mis méritos, también
               por tenerlos quise bien;
               mas como veo mi error,
               me desnudo del amor
               por estrenar el desdén.

Serafina   Cuando una y otra pasión
               desechó mi voluntad,
               lo hacia mi vanidad
               aun más que mi inclinación;
               pero ¡ay! que mi presunción
               se llegó a desengañar;
               al contrario debo obrar:
               luego forzoso ha de ser
               que yo busque a quien querer
               si no hallo a quien desdeñar.

Doña Matea   Ya dentro del alma siento
               mi dolencia remediada,

pues de un achaque de amada
creció un aborrecimiento:
la llama de aquel violento
fuego está desvanecida;
convalecí de querida
y sané de aborrecer,
si no vuelvo a recaer
en viéndome aborrecida.

Serafina   Parece (si mi dolor
Junto mi desconfianza)
que es quien quiere mi venganza.
No quien se queja mi amor
amo de ira y cría el ardor
verme olvidar y ofender;
¿De ofendida he de querer?
¡Oh, amor errado y impropio!
¡Que quiera yo por lo propio
que había de aborrecer!

Don Pablo   Pues decláranos tu mal

Don Marcos   Dinos tu odio también.

Serafina   Quiero sin saber a quién.

Doña Matea   Yo aborrezco y no sé a cuál.

Don Pablo   Yo no lo entiendo.

Don Gonzalo   Ni yo.

Don Pablo   Tales extremos no vi.

Don Marcos	¿Amas de venganza?
Serafina	Si.
Don Roque	¿Aborreces de odio?
Doña Matea	No.
Gibaja	Serafina, y si supieras que todos cuatro te adoran, que aman suspirar, y lloran, por tu amor, ¿cuál eligieras?
Serafina	Por vencer esta tirana pasión, que arder no se ve, Á uno eligiera; mas sé que tiene amor a mi hermana.
Doña Matea	Desde que amada me vi los empecé a aborrecer.
Gibaja	Pues bien los puedes querer, que no te quieren a ti; solo a ti te aman de veras.
(A Serafina.)	
Doña Matea	Según eso...
Gibaja	Te han mentido.
Serafina	Luego era su amor...
Gibaja	Fingido.

145

Serafina	¿Por qué?
Gibaja	Porque los quisieras.
Serafina	No perder la ocasión quiero, no se puede, amor tirano; don Marcos, esta es mi mano.
Don Marcos	Una Palabra primero: serafina, aunque ahora das esa mano a mi esperanza, ¿Por qué me amas?
Serafina	Por venganza, ¿Y tú?
Don Marcos	Por tema no más. Yo porque en tus celos vea repetido tu dolor, fingí que tenia amor solo a tu hermana Matea.
Serafina	¿Tú me has amado y servido?
Don Marcos	Yo (aunque me arriesgue a quererte) serví por solo vencerte.
Serafina	¿Pues qué intentas? ya has vencido.
Don Marcos	Que más fina y más constante ames al que te quisiere, que para mí no es quien quiere de picada, y no de amante.

Ansí la ira mitigo
de tu obstinado desdén,
y a tu vanidad también
le vengo a dar un castigo.
No es justo que quiera yo,
aunque seas tan hermosa,
una dama caprichosa
que hoy quiere y mañana no,
¿Pues con qué seguridad
ha de gozar tu favor
el que sabe que es tu amor
hijo de tu vanidad?

Don Roque   Y yo, Serafina hermosa,
               digo lo mismo, por Dios.

Don Gonzalo   Pues la que no es para vos,
               tampoco para mí es cosa.

Don Pablo   Nec mihi.

Serafina   A ti te he elegido,
               Esteban.

Esteban   Eso me agrada,
               ¿Pues cuándo fue una dejada
               alhaja de un presumido?

Serafina   Tú alcanzaste la victoria,
               merecerás por constante.

Jacobo   Acordaraislo adelante,
               para que tenga memoria.

Serafina	Pues si son estos los hombres...
Don Marcos	Pues si estas son las mujeres...
Gibaja	Si esto es ser casamentero, pues no hay quien se case adrede...
Serafina	Pues aman aborrecidos...
Jacobo	Pues queridas aborrecen....
Doña Matea	Para que escarmienten todas...
Don Marcos	Porque todos escarmienten...
Esteban	Canten uno y otro coro...
Gibaja	Repitan una y mil veces...
Todos y Músicos	¡Mujeres, lo que son hombres! ¡Hombres, lo que son mujeres!
Gibaja	Y don Francisco de Rojas un vitor solo pretende porque escribió esta comedia sin casamiento y sin muerte.

Fin de La comedia

Libros a la carta

A la carta es un servicio especializado para

empresas,

librerías,

bibliotecas,

editoriales

y centros de enseñanza;

y permite confeccionar libros que, por su formato y concepción, sirven a los propósitos más específicos de estas instituciones.

Las empresas nos encargan ediciones personalizadas para marketing editorial o para regalos institucionales. Y los interesados solicitan, a título personal, ediciones antiguas, o no disponibles en el mercado; y las acompañan con notas y comentarios críticos.

Las ediciones tienen como apoyo un libro de estilo con todo tipo de referencias sobre los criterios de tratamiento tipográfico aplicados a nuestros libros que puede ser consultado en Linkgua-ediciones.com.

Linkgua edita por encargo diferentes versiones de una misma obra con distintos tratamientos ortotipográficos (actualizaciones de carácter divulgativo de un clásico, o versiones estrictamente fieles a la edición original de referencia).

Este servicio de ediciones a la carta le permitirá, si usted se dedica a la enseñanza, tener una forma de hacer pública su interpretación de un texto y, sobre una versión digitalizada «base», usted podrá introducir interpretaciones del texto fuente. Es un tópico que los profesores denuncien en clase los desmanes de una edición, o vayan comentando errores de interpretación de un texto y esta es una solución útil a esa necesidad del mundo académico.

Asimismo publicamos de manera sistemática, en un mismo catálogo, tesis doctorales y actas de congresos académicos, que son distribuidas a través de nuestra Web.

El servicio de «Libros a la carta» funciona de dos formas.

1. Tenemos un fondo de libros digitalizados que usted puede personalizar en tiradas de al menos cinco ejemplares. Estas personalizaciones pueden ser de todo tipo: añadir notas de clase para uso de un grupo de estudiantes, introducir logos corporativos para uso con fines de marketing empresarial, etc. etc.

2. Buscamos libros descatalogados de otras editoriales y los reeditamos en tiradas cortas a petición de un cliente.